グズグズしないでお決めなさい!

恋の選択 女子の決断

幻冬舎

あなたはどちらも
選ぶおつもり？

はじめに

人は誰でも一度や二度、人生の岐路に立ち、運命の分かれ道の前でどちらの道に進むかの選択を迫られることがあります。

それは「恋の分かれ道」でもよくあることです。

いや、恋の場合は一度や二度ではないかもしれません。

何かを選択する場合、じっくりと考えて後悔しないことが大事です。

大事なのですが……人はどうしても自分の都合で物事を考えがちですし、グズグズグズグズ考えすぎると自分を見失ってしまい、いつまでも決断できないどころか、悩みを複雑化して自分に自信をなくしたり、よからぬ妄想で不安だけが増してしまったり、その決断をした後も、やっぱりあっちにしておけば……、と後悔してしまいがちです。

しかも、じっくりと考えすぎて時間だけが経過してしまい、結局、何も手に入れられなかった……ということもあります。

時には瞬時の判断を求められることもあります。

そして、どんなことでも行動しなければ、何事もはじまりません。

最近、聞いた話によると、若い女性の間では、東大生の青田刈りが流行《はや》っているそうです。恋愛ルンルン、イケメン大好き！　などと恋する自分にうつつを抜かさず、将来性のある東大生を学生のうちにつかまえておいて結婚してしまおうというものらしいのです。この話を聞いているだけでは、そんなアホな……と流してしまいがちですが、注目してほしいのは彼女たちの行動力です。

早い段階で行動する。

目的がはっきりしている。

将来を見据えている。

などなど生き方の選択自体に、メリット、デメリットはそれなりにあるものの誰に何を言われようとも、自分が決めた道をしっかりと突き進んでいるということです。

誰にどう思われようとも、自分の幸せの可能性に向かって動いているということなのです。後悔することもあるかもしれません。でも、この行動力は見習うべきかもしれない……。

ふとそう感じたとき、あたしの中で、

『グズグズしないでお決めなさい！』

というフレーズが浮かんできました。

そこで、本書では、恋愛中に迷いやすい出来事や、いまさら人には聞けない恋の悩みなどを取りあげ、AとBの選択肢のそれぞれのメリット、デメリットを考え、どちらの道を進むのがいいのか決断させ、背中を恩着せがましくそっと押してあげようと思います。

そっとです。

思いっきり押したりはしません。

それに、悩んでいるときはどうしても、選択肢がAかBしかないと視野が狭くなりがちですが、それ以外にも選択肢ってあるのです。むしろ、視野が狭いとこんな落とし穴が待っているんだよ……と視野を広げ自分の常識や価値観だけにとらわれない判断力を身につけ、頭の中だけで結論づけてしまうのではなく、自分に自信を持って行動してほしいと思います。

自分で決めた道ですから。

後悔ではなくチャレンジして、素敵な恋を自分の手でつかみ取ってください。

申し遅れましたが、あたし、モテないゲイ日本代表のゴマブッ子と申します。

『あの女』というブログで恋愛相談をしております。

ゲイのおまえなんかに、言われたくない！　と思うこともあるかもしれませんが、ブログでもたびたび寄せられる、誰でも一度は経験したことがあるかもしれないありがちな悩みだからこそ迷ってしまう、勘違いしてしまう「選択」の数々を収録しました。耳の痛いことから目を背けずに、恋に迷って悩んでいる貴女《あなた》は本書を決断の判断材料としてお使いいただければと思います。

グズグズしないでお決めなさい!

もくじ

グズグズしないで、
お決めなさい！

Q　付き合う前にエッチする？ しない？

合コンで出会った、遊んでそうだけど顔がタイプのA君。その日のうちに二人きりで飲んで終電を逃してホテルに直行。もちろんエッチな雰囲気になってしまって……。でも私はA君のことが好きになっていたから付き合えたらいいなって思って、「付き合ってる人としかしないよ」って言うと、「次に付き合う人と結婚したいと思ってるけど体の相性って大事だからエッチしてみないと分からない」って返されちゃった。

これってエッチすれば付き合えるってこと？

A　エッチする！

付き合う前にエッチをすると、付き合える確率って下がるわよね。だって、男って「出す」とスッキリしちゃうんだもん。

そりゃ、お互い半年くらい両想いのまま悶々《もんもん》として、何かの拍子にエッチしちゃったとか、一人でいるよりは誰かといたほうがマシ、くらいの恋愛観の男だったとか、奥手も奥手、超奥手で女子に押されるままに食われちゃったとか、貴女《あなた》が綾瀬はるかクラスの可愛い子だったとかそんな場合ならエッチしてからも付き合えるかもしれないけど、**合コンで知り合ったばかりの男にお持ち帰りされてそのまま付き合えた経験っていまだかつてあったかって考えたら、ナイナイ。そんな経験ほとんどないでしょ！**

男は手を替え品を替え、いろんな言葉で口説いてくるけど、「体の相性も大事だから付き合う前にエッチは重要」って、ただ「エッチしたい」って意味よ。

だいたいホテルまで行ってる時点で「付き合う人としかしない」なんて、男からしてみれば「冗談は顔だけにして？」って話だよ？

貴女みたいな、イケメンの女慣れしてる男を出会ったその日に「好きになっちゃった」なんて言ってるようなモテない女は、このタイプの男は落とせないって！

エッチするなら、イケメンとやれてラッキー池田！

そのくらいの感覚で期待しないことね。

寝たくらいでますます好きになったり、付き合いたいなんて妄想したらだめよ？

病気に気を付けて避妊はしっかりしなさい。

一晩だけのアバンチュールと割り切って！

モヤモヤするだけなら連絡先も交換しないこと！

B　エッチはしない！

今の貴女、したくてしたくてたまらないでしょ？

本当はここでしてはいけないって分かってるはず。分かっているのに迷っているのは、「このチャンスを逃したら次はないかもしれない」って思ってるからじゃない？

その焦りがイケないの!!

今、エッチしなかったら、今後、エッチする機会も、もう1回会える機会も、付き合える機会もないかもしれない！　だったらエッチしたほうがいいよね？

彼も次に付き合う人と結婚したいって言ってるし！

だってもう好きになっちゃったし！

そうよ！　エッチすれば付き合える確率が上がるんだわ！　って自分に言い聞かせてるけど、**セックスしないと出会えないチャンスなんて本当に必要？**

冷静に考えても、合コン後にホテルに直行するような男は、遊んでるわよ!!

貴女が選ばれる確率は低い。

ホテルに行ってる時点でアウトだけど、**がっちりガードして自分を大切にすることは大事**よ！

女の落とし穴

彼よりもむしろ私のほうがやる気満々でエッチできるかと思ったら、酔ってる彼のアソコが反応しなかった！

それは仕方がない！

お酒のせいか、疲れてるせいか貴女のお顔が無理だったかよ！

そんなときはショックを受けずに不貞寝《ふてね》して！！！！！！

Q 親友に彼を紹介する? しない?

30歳。そろそろ結婚したいと思っていたところに半年ぶりに彼氏ができました。一流企業に勤めていて優しくて私にはもったいないくらいの彼です。このことを高校時代からの親友のB子に話したところ、「一度会ってみたい」と言うのです。正直、私も自慢の彼を見せたいのですが、B子は現在彼氏募集中で私よりも可愛いんです。B子が私の彼氏に色目を使ったらどうしよう……。

彼氏を親友に会わせるべき? 会わせないほうがいい?

A 紹介する

正直、**親友に彼氏を紹介するのって、貴女が自慢していい気分になりたいって以外にメリットが見つからない。**

だって、「どう? 見て? 私の彼、イケてるでしょ!」って見せびらかしたいだけでしょ? スゴーイって思われたり、悔しいって思われたりして、優越感に浸りたい。ただそれだけだったりしない？

そのためにわざわざ、「彼氏ができた（一流企業にお勤めの）」ってことを親友に報告したとしか思えない。付き合ったばかりで、これから先、長く続くかどうかも分からないのに。

でも、紹介したいんでしょ？

彼氏のいないB子さんに見せたいんでしょ？

だったら……、親友のB子さんだけに紹介するんじゃなくて、共通の女友達数人とかその彼氏等を集めてのお披露目会にしたほうがまだいいわよ。

そうすれば参加した女たちは、上から下まで、下から上まで品定めして、あとでこっそり点数つけるくらいの会で済むんじゃない？

あ、よくよく考えたらもう一つメリットがあった。

有り難い「ダメ出し」がいただける可能性があるってこと。

もちろん、嫉妬《しっと》からくる「あの人、ぜんぜんいい人そうに見えない。別れちゃいなよ」かもしれないけど、客観的な意見が聞けることもあるわよね。

あたしも、彼氏お披露目会したときにあとから散々、

「あれはやめたほうがいい」ってダメ出しされて、

「なんでよ！　みんな分かってない！」って思ったけど、みんなの意見は正しかった！　ってことがあったから（笑）。

ま、どちらにしても**お披露目会の場では、親友と彼がメールアドレスを交換するような隙はつくらないことね。**

その辺は徹底させて、思う存分「自慢」して、ドヤ顔女になってきなさい！

B　紹介しない

女の友情は男が絡むとあっけなく壊れたりするけど、彼氏ができたら女友達からは距離を置き、彼氏と別れたら何食わぬ顔して、また距離を縮める……そして、あわよくば男を紹介してもらう♪　くらいのスタンスがいいわよね。

B子さんが貴女より可愛いなら、B子さんが色目を使わなくても、まだお付き合いの浅い貴女の彼氏が勝手にB子さんに一目惚《ひとめぼ》れして盛り上がってしまい、貴女との別れをえ・ら・ぶなんてこともあるかもしれないし。

おめでとう！　って素直に喜んでくれればいいけど、**三十路《みそじ》の彼氏なし女の嫉妬って怖いわよ**ね。

下手に紹介すると、「裏切り者！！！」なんてSNSで悪口書かれたりするかもしれない。

会わせて優越感に浸れるメリットよりも、女の友情が壊れそうなデメリットのほうが大きい場合、やっぱり会わせる必要はないと思う！

もしも彼氏ができたことを伝えて、親友が会いたいと言い出したなら、忙しい人だからそのうちね……。って話を適当に切り上げて、会わせないという方法でいいと思うわよ。

彼がどういう人なのか他人の意見ではなく、貴女自身が見極められるようにね！

女の落とし穴

30歳って結婚に焦る年齢。まだ付き合ったばかりで浮かれている時期に、「彼氏ができた」って自慢すること自体、ナンセンス！せめて半年続いてから報告したほうがいいんじゃない？　親友の存在は関係なしに明日には別れる運命かもしれないし！

Q デート中のトイレ、すぐに出る？ すぐに出ない？

24歳、ＯＬです。今度、気になっている男性と初めて食事に行くことになりました。とても楽しみです。

でもちょっと気になることがあって……。私、化粧室に行くとメイク直しに時間がかかるんです。10分くらいかかることも。

これって男性にとってどうなんでしょうか？ 大きいほうしてるって思われるでしょうか？ それとも会計済ませてくれるのを期待しているって、思われたりするんでしょうか？

デート中のトイレ、すぐ出るべき？ 出ないべき？

A すぐに出る

あたし、以前、女友達のＴ子に、

「女子にとってトイレって『聖域』みたいなもの？」って聞いたことがあって、その

ときの答えが、

「トイレは女にとって聖域っていうより、ある意味、戦場よ！　女だけしか使わないのに何で？　ってくらい汚いときなんかいっぱいあるし。一番不思議なのはデパートの女子トイレって、10個くらい個室があるのに並んでるじゃない？　アタシなんかは出すもの出したらすぐ出るからオシッコなら、30秒で出れるんだけど、女って全然、出てこない！！！

ウンチするにしても、みんながみんなするワケじゃないのに、その10個の個室を前にして5分とか、待つんだよね〜。化粧は別にするトコロがあるわけじゃん？？？みんなが中で何をしてるのかすっごい知りたい！！！　何で、滞在時間がやたら長いのか！！！

てかさ？　ウンチするにしても普通、家以外で出そうなときって緊急事態じゃね？　だから5分もかからないはずよね？　中でオシッコ以外の何かをしている女が絶対多いハズ！！！　みんな綺麗売りして言わないけど何かがあるんだわ？？？　アタシ知りたい！！！！」とか言い出して大笑いしたことがあったのね。

だから、**女子のトイレは長いものだ、って男性も案外分かってると思う。中で何をしているかは分からないけど、時間がかかることは分かってるから、**

あっという間に出てきたら逆にびっくりさせる可能性はあるわね。

でも待たせるのも失礼かなって思うなら、トイレにいつまでも籠城《ろうじょう》していないで、早めにメイク直しを済ませて出たらいいと思います。

だって食事中だったら料理が冷めたり、鮮度が落ちたりしちゃうじゃない？

会話まで冷めないうちに早く戻りましょ！

ま、食事も終わりかけなタイミングでのトイレなら、男性が気を利かせて支払いを済ませてくれる場合もあるので、10分かかる貴女なら3分から5分程度で戻ったらいいのではないかしら？

B　すぐに出ない

女友達のT子さんと女子はトイレの中で何をしているのかって話で盛り上がったので、あたし、ブログ上でアンケートをとったことがあってね。

そのときに女子がなぜ「トイレが長いのか」って理由が分かったの。

以下が寄せられた回答の一部だけど、

ゲームをする

こっそりタバコを吸う
弁当やお菓子を食べる
補正下着をつけるのに時間がかかる
ヒールで疲れた足を休める
携帯いじり
化粧直し
ストッキングをはきかえたり私服に着替えなおす
髪を巻く
生理だから
酒を飲む
筋トレする
寝る
個室でメイク直し、鼻毛チェック、鏡を見る
ブログを読む、メールをする
便座を除菌する
息抜き

腋《わき》、口臭、足の臭いチェック

とかだったわ?

そりゃ、女子はトイレからなかなか出てこないわよね！　って驚いたんだけど。

さすがにデート中ですからそんなことはしないでしょうけど、**あまり長すぎると**

やっぱり男性も、

大してるのかな?

他の男にメールしてるのかな?

SNSにログインしてるのかな?

吐いてるのかな?

まさか奢《おご》ってくれることを期待してるのかな?

な〜んて思ってしまう可能性もある。

すぐに出ないとは言っても、3〜5分程度で戻るのがいいんじゃない?

そして万が一、彼がお会計をしているところと遭遇してしまったら、お財布を出すフリをして、きちんと「ご馳走《ちそう》様です」のお礼を言いましょう。

ま、割り勘になってしまう場合もあるけどね!!

そして、食事中なら、香水や匂いがきつい化粧品でのメイク直しはNG。みんなの迷惑になるのでそこだけ気を付けて、綺麗を整えてください。

女の落とし穴

初デートで緊張しすぎて、恥ずかしくて「トイレに行かない」って選択肢を選ぶ女子もいるかもしれないわね。我慢できるならいいけど、我慢しても体にいいことは一つもない。

我慢できなくなって結局、トイレに行くことになって、そんなときに並んでて順番が来ない!! なんてことになったら大変だから、行くなら限界まで我慢しないで早めに行きなさい!

ちなみにあたしは男なので、普通は30秒とかで戻れるのが当たり前。そんな状況の中、大がしたくなったら非常に困る。初デートで大してるって恥ずかしいわよね!!!

5分も立て籠《こ》もったら間違いなく怪しまれるから、そんなときは、「ごめんなさい、仕事の電話が急に入って……」なんて言ってごま

かすわ♪

「酔っぱらってしまって……」なんて言うと、トイレで吐いたって思われてそれはそれでイメージ悪いもんね！

ちなみに知り合いのY子さんはお店のトイレの流れが悪いとか、詰まるとかあって困ったことがあるそうよ。

水が溢《あふ》れて大惨事になった経験もあったみたいで本人がいくら気を付けていてもそういう場面に遭遇してしまうこともあるので油断禁物ですわよ。

一刻も早く出たいのに〜っ
便座が上がってて
ハマった〜っ
ズボッ!

Q　初デートで割り勘、ありえる？ ありえない？

信じられないことが起こりました。まだ付き合ってはいませんが顔がタイプで素敵だなと思う人と初デートでイタリアンに行ったのですが、会計は割り勘でした。彼のほうが少しは多く払ってくれましたが、普通は男性が奢りますよね？　本気だったら奢ると思いますし、私は割り勘の価値しかないのかと思ったらガッカリしました。もう会いたくないです。

割り勘なんてありえないですよね？

A　ありえない

ときどき割り勘論争って聞くよね。

こういう話題って女子は大好き。私は奢ってもらったことしかないとか、変に恩着せられても嫌だから割り勘にするとか、どうでもいい人だったら割り勘で、付き合いたい人なら奢ってもらいたいとか、割り勘が当たり前、なんて人もいるし、初デートで割り勘は相手も割り勘でいいと思ってるから本命になれないとか、奢ってもらってこそナンボ、尽くしてもらってこそナンボとか、割り勘の男はドケチの貧乏で付き合っても苦労するとか……。

女子はとにかく「自分にいくら使ってくれたか」で、「自分の価値」をはかりたがる傾向があるわよね。

私は割り勘の価値なんだ!!　って落ち込んだりするし、奢ってもらったら、「この人、私のこと好きなんだわ？　この人と一緒になったら結婚しても安泰かも！　いろんなもの買ってくれるわ！」なんて未来まで妄想したりするのも女。

で、気づいて欲しいのは、**男って女子ほど「割り勘問題」について深くは考えていない**ってこと。

割り勘とかありえないって思ってる女子が多いので、とりあえず出しておくか、くらいの人もいれば、やりたいから奢る人もいるし、奢ってもらって当然みたいな顔してる女はキライって思ってる男もいる程度の話で、男が支払って当たり前って思ってる人はバブル世代の男性には多いけど、いまどきの男の子だったらそれほど多くもなかったりする。

だいたい、初めてのデートだけじゃ相手の金銭感覚なんて分からないわよ。

そりゃ、男なら払ってあげようって気前のよさくらい見せろっていうのは、男側のテーマでもあったりするけど相手だって初デートは様子見よ。洋服の下見と同じで、付き合うと決めてる訳じゃない。どういう子なんだろう？　って判断してる最中でしょ？

そして貴女も彼のこと何も知らない状態。

顔がタイプなだけだった。そして、割り勘だったことに幻滅しているだけ。

肝心なのは奢ってもらったか割り勘だったかではなく、「次」があるかどうかだと思うけどね。

もちろん、貴女が何よりも「奢ってもらうこと」を重視するなら、きっと価値観が彼とは合わないと思うので無理にこの先連絡取る必要もない。

初デートでは絶対に奢ってくれる男性を探せばいいのよ。奢りたい男もこの世の中にはそれなりにいるから、わざわざ割り勘する男を選ばなくてもいいの！

ただ、奢ってくれるからいい人とは限らない。

例えば、とてつもなくブサイクな男に奢られて、付き合ってくれって迫られたらそれはそれで重い！　ムリ！　お願いだから割り勘にして！　って思う場合もあるわよね？

つまりこれって世間一般論の「割り勘だから愛されてないとか愛されている」ではなく、**素敵な人だと思ったのに割り勘が嫌だというのは、単純に「貴女基準」の金銭感覚のお話よ。**

それだけ踏まえておいてね！

B ありえる

お金の問題って人それぞれだから、節約する人、ドケチなだけの人、浪費家の人、自分のため（趣味など）にしか使わない人、誰かに使うことで喜びを感じる人、貯蓄したい人、いろいろじゃない？　もちろん収入にもよるとは思うけど。

ただ、**割り勘でもいいかと思える人って、奢ってもらうことに自分の価値を見出《みいだ》そうとはしていない人が多いのよ。**

そういうことを優先にしない人なのね。奢ってくれたら素直に嬉しいし、そうじゃなければ割り勘で当然だし。後から払ったの払わないのっていちいちモヤモヤしないし、そういうところで相手の良し悪しを判断しない。

惹《ひ》かれているポイントが「割り勘なんてありえない」という人とは、違うところにあるから割り勘でも十分に「幸せ」を感じることができる。

だったらそれでいいんじゃない？　深く考えるだけ無駄よ。

金銭的なことだけで愛情をはからずに相手の他の行動でしっかりと愛を感じられたらそれでいいの。

女の落とし穴

割り勘ならまだよくて、一切払ってくれない男っていうのも世の中にはいる。ヒモ体質よね。女も彼に気に入られたくてお金で繋《つな》ぎ止めようとする。自分からお金をバンバン出してしまうと、男がダメ男になってしまう傾向があるからお金を出そうとしない男は要注意。

そして、いくら付き合っているとは言っても、多額のお金を貸したりしないほうがいいわよ。返すの返さないので絶対にもめるし、返ってこないことのほうが多いから！

これプリントしてきたんですけど…!
半額券
っていうか
クーポン券!?
おごりっつったって…

Q―同棲する？しない？

付き合って半年。彼氏に同棲しようと言われました。大好きな彼だし、私も27歳。そろそろ結婚を考えています。**同棲したいということは結婚を前提にということで合ってますよね？** 結婚の話は彼とはしたことがありませんが、彼も結婚を考えてくれているということで同棲してもいいでしょうか？

A―同棲する

残念ながら、同棲＝結婚ではあ～りません。
彼が同棲したいと言い出した理由は、
①一緒に住めば家賃が半分
②一緒に住めば飯も掃除も洗濯もやってもらえる
③一緒に住めばエッチし放題！

④一緒に住めば職場の近くに住める！
⑤一緒に住めばデートとかしなくても済む

そんなことかもしれないわよ？

男は同棲しようなんて言い出したとしても、彼女が、同棲＝結婚と信じてるなんて
これっぽっちも思ってない。

試しに聞いてみたらいいわよ。

それって結婚を前提にってこと？ って。

えっ？ 結婚したいの？ 嘘でしょ？ って反応されるから。

結婚について話し合ってもいないのに、同棲さえすれば結婚できるという考えは大間違い！ **一緒に住んだらより楽しいな♪ くらいの気持ちと、一緒に住めばどんな人かより分かる♪ くらいの気持ちで同棲してください。彼は今の段階では結婚について何も考えてません。**

どうしても結婚を前提に同棲がしたいなら、同棲する前にきちんと話し合うなり、お互いの両親に挨拶するなりするべきよ！

そうじゃなきゃ、同棲してから、「何で同棲までしたのに結婚してくれないの！責任とってよ！」って大騒ぎする貴女の姿が目に浮かぶから！

B 同棲しない

彼は同棲したいけど、結婚については何も考えていないと思う。

結婚がしたいなら、結婚の話を先にするのが筋。

同棲したら流れで結婚になるだろうなんてことは、女性の勝手な妄想でしかない。だから、貴女が結婚を視野に入れているなら、そして結婚の話が一切出ていないなら、同棲を今するべきではないと思う。彼が結婚についてどう思っているのか。一度、話し合ってみてからでも遅くないんじゃない？

女の落とし穴

同棲したカップルが別れてしまう理由っていろいろあると思うけど、オーソドックスな例をひとつあげると、不安だったり依存したり尽くしすぎたり束縛したり、そういうタイプの女性は同棲しても男性を苦しめる傾向があるみたい。

ご飯を作って待ってたのに帰ってこない！　こんなに掃除も洗濯も頑張ってるのにありがとうって言ってくれない！　風邪のときも寝ずに看病したのに彼は私の看病してくれない！　私はこんなに努力してるのに！　私はこんなに努力してるのに！　って見返りを求めようとするのよね。

でも、その努力、貴女が勝手にやってるだけで、相手が望んだものなのかを聞きたい。

相手が望んでもいないことを勝手に、努力だと言ってやってる女は、努力してる自分が好きなだけ。相手のことなんて考えてないのよ。

努力！　努力！　って努力したいなら、発明家にでもなればいいの。相手が何を望んでいるのかを考えて、手の抜き方を覚えないと同棲してもうまくいかないわよ〜。

Q 彼の前でおならをする？ しない？

付き合って1年の彼と同棲することになりました。すごく楽しみな反面、気になることがあります。

それは彼の前でおならをしてもいいのかどうかということです。今まで、私は同棲したことがないので、一日中彼氏と一緒にいるということがありませんでした。

もちろん今までの彼氏の前でおならをしたこともありません。でも、同棲となるとおならは出ちゃいますよね。我慢するのも体によくないし……。

でもおならをして彼がドン引きしないか心配です。

彼の前でおならをする？ しない？

A する

我慢はよくないわよね。おならを我慢しすぎると、お腹が張ったり腹痛になったりする。気にしすぎないのが一番だから、するって決めたらしちゃったらいいと思う。
でもどのタイミングでするかよね。
貴女から先に、ブーーーーーッ!! ってやってしまって、彼が笑ってくれる人なら
いいわよ? 彼もリラックスして一緒に屁をする仲になれる。
でも、彼女のおならに幻滅するタイプだったら……。せっかく同棲するのに、恥じ
らいがない、女としてみれない、セックスしたくないというまでになる可能性も!!
藤原紀香さんみたいに、親しき仲にも屁礼儀ありみたいな考えの人もいれば、
misonoちゃんみたいに屁! 屁! 屁! をしたら全てをさらけ出した仲だと
思える! みたいな考えの人もいるから。
彼が今まで付き合った女たちが、屁を平気でブースカピーだったか、それとも絶対
にしなかったかにもよると思う。
トータル的に見て、彼が幻滅しているようであれば、すぐにフォローしましょう!
「ごめんなさい、今日はお腹の調子が悪くて。何か悪いもの食べたのかも……」と!!
そして、彼がおならOKな反応をしているなら、彼が貴女の前でおならをしてくれ
る日を待ちましょう。
間違っても、「あなたもおならして!」と強要はしないこと!

それから、彼のほうが先におならをした場合はさりげなく、「彼女がおならしても平気な人？」って聞いてみましょう！

ＯＫＯＫと言ってくれたなら、気兼ねなく、ブヒーーーーっとかまして、屁カップル誕生を楽しんでください。

「え～っ」と曖昧《あいまい》な返事だったら、

「私はする人だよ！」って押し切ってしまいましょう！

B――しない

しないと決めたなら絶対にしないこと。

そういうルールを決めましょう。

二人がいつまでも恋人同士のようにいられるためのエチケットとしておならはしない！　ってルールを彼に宣言してしまいましょ！

ま、彼が実行してくれるかしてくれないかはどうでもいいんです。

私はおならしませんよ、って宣言することが大事。

そうすれば、おならをしてもいいのかな……、したら嫌われないかな……、でもしたい！！！！！　おならしあえるカップルになりたいのに!!　なんて余計なことを考えなくて済む。

だって、しないことが恋人らしくいられるエチケットなんだから！　と割り切ることが大事です。

変にストレスを溜《た》めこんで「おなら」に過敏になりすぎて、ガスが溜まりやすくなるなんてこともなくなるかもしれない。

とにかく日頃、運動、睡眠、そしておならが臭くないようなバランスのよい食事をして、急におならがしたくなっても、彼の前ではなく、こっそりおならができる場所を確保しておくことにしましょう。

その代わり、彼が我慢できずにしてしまったときは、約束なのに！　と怒ったりしないで、聞かなかったことにしてあげるか、もう！　可愛い音が聞こえたよ！　って言うくらいにしましょう。

肝心なのは、

「彼女がおならしない人だから俺までおならができない……」と神経質になられると彼の体にもよくないから、彼はしてもしなくてもいいというスタンスであること！

もちろん、彼が神経質で、生理現象を見せたくない……、彼女のおならは絶対ダメ！　なんて場合もあるからね！　しないにこしたことはない！

何はともあれ、こういうことは早い段階でさりげなく話し合ったほうがいいわ。

そうじゃないと、半年とか1年とかモヤモヤしてしまうから！

気にしすぎないこと！

女の落とし穴

いくら我慢しようと思っても、寝ているときは不可抗力！

同棲中、同じベッドでうっかり寝っ屁をしてしまったら、ご愛《あい》嬌《きょう》！！！！！！！

自分の屁で目が覚めたら、気づかれないように布団の中からガスを逃がすのよ!!

ちなみにゲイ友達のゾゾエ姐《ねえ》さんことHさんはおならを「可愛いギャグ」にしてしまいます。例えば……

「さいきん普通に屁が出るの、ぷっすぷっす出たの、もうぷっすま」

とか
「普通に歩きながら屁が出た。ぷすぷす、多分、あたし1ミリぐらい浮いてたと思う」
とか
「おしりがためいき」
とか
「ぶーぶーへーでるさん」
なんて感じでおならをギャグに変えてしまうのもありかもしれないわね。

Q 処女を告白する？ しない？

26歳、OLです。お恥ずかしい話ですがこの年齢で初めて彼氏ができました。付き合ってまだ1週間ほどなので、うれしくて毎日楽しいのですが、心配なことが一つあります。それは私が処女であるということ。

やはり話しておくべきでしょうか？ 26歳で男性経験がないなんて男の人は引きますよね？ 処女なんて嫌ですよね？ 私は顔も体も自信がないので不安で仕方ありません。

どうすればいいですか？

A 告白する

あのさ？ **処女だからって別に男はドン引きしないわよ？**
だって、女は誰だってみんな最初は処女なのよ？

いつ体験したかなんて関係ないわよ。

貴女の年齢で「処女」のアイドル歌手がいたとしたら、気持ち悪いとドン引きするどころか、

「僕のためにとっておいてくれてありがとう」って感謝して男は大喜びするでしょう。

処女の何に男がドン引きするかって、

「私なんてどうせ顔も悪いし胸もないし、今まで誰とも付き合ったことないし、26歳で処女なんてキモイよね」って、他の誰よりも処女を軽蔑している貴女自身にドン引きするのよ‼

そんな暗い女は好かれないわ！

自分に自信を持ちなさい！

男性経験がないから貴女を嫌いになるような男だったら、遅かれ早かれ終わりが来るわよ！

ちゃんと貴女と向き合って貴女を大切にしてくれて貴女を愛してくれる男性。そんな男性に初めてを捧げられるんだって思ったらいいわよ！

ただ、変に期待しすぎないことね。必要以上に優しくしてもらおうなんて思わないで！


卑屈にならずに恥じらいをもって！

今まで守ってきた処女にプライドを持つことよ！

告白するなら、男性と付き合うのは初めてと伝えて、心の準備ができるまで待っててね、と可愛く伝えましょう。

貴女のことを好きな男なら、ちゃんと待ってくれるし優しく大切にしてくれるわよ。

素敵な初めてでありますように！

B ― 告白しない

言わないなら言わないでそれもあり。言わないってことは、嘘をついていることじゃないのよ。聞かれなかったから言わなかっただけ。ってことでしょ？

全部をベラベラ喋《しゃべ》る必要はないし、貴女くらい卑屈になって処女であることを気にしているなら、絶対に余計なことを話しそうだもんね。

例えば、

「こんな私を嫌いにならないで！」とかね。

そういうセリフに男は、重い！　って感じたりするのよね。

ある程度、割り切りましょう。

でもね。最初って「痛い」場合も多いらしいわよ?

自分では隠しているつもりでも、案外バレてしまうかも。

そのときは素直に土壇場で、

「恥ずかしくて言えなかった」って言ってしまうのもありだし、優しい彼なら気をつかって何も聞かないでくれるかもしれない。

久しぶりで痛かったというのもありだけど、**肝心なのは、好きだから捧げたい。好きだから挑戦したいという気持ちよ。**

力みすぎないでリラックス!!!

せっかく恋人ができたんだもの。愛し合ってください!

女の落とし穴

気合十分でのぞんだ初体験……。でも彼のが大きくならなかった! な〜んてこともよくある話。

女性のドキドキと同様に、男性もアソコもデリケート。緊張していたり仕事で疲れていたりお酒を飲んでいると、元気にならないこともよくある話！
そんなときは驚かないこと！
自分に魅力がないせいだと思ったり、つまらない男だなんてがっかりしないで。
その日は最後まではしないで愛し合ったりして、めげずに再挑戦よ！！！

？
えっっ？何
安来節？
しょっ
しょっ
しょいじょいじー
色んなイミでまちがってるね！

Q アソコの毛、処理する？ しない？

困っています！　助けてください。

アソコの毛の話です。どこまで処理をしていいのか分かりません。鏡で見てみたらお尻にも毛が生えていました。恥ずかしくて死にそうです。

自分で処理すればいいのでしょうか？

男の人はやっぱりお尻に毛が生えてる女は嫌いですか？

剃《そ》るのがいいのでしょうか？　思い切って全部剃っても大丈夫でしょうか？

でも全部剃ってしまったら遊んでいる女に思われないでしょうか？

A 処理する

あたし、以前、女友達3人にどうしているか聞いたことがあって、そのときの回答が以下の通り。

☆J子の場合☆
ケツ毛？　Vじゃなくてってこと？

放置よ!!　抜いたりするのめっちゃ痛いらしいし。あんなとこの毛を抜くなんて絶対に変態か勘違いよ？

☆O子の場合☆
その話題！　タイムリー!!

この前の飲み会のとき、一人の女子が脱毛してて、その話で盛り上がったわ。

私ともう一人は、

「てか自分のアナルをまじまじと見たこともない。明るい場所でやるか舐《な》めるかしないかぎり、男もじろじろチェックしないんじゃない？」って言ったけど、
彼女いわく、あくまで自己満足のためだって。

ワキ↓脚↓腕↓Vライン↓Iライン↓Oライン
と、一連の流れで次々とやりたくなり、ついに最後の砦《とりで》に到達！

みたいなイメージ（笑）。

☆T子さんの場合☆

ケツ毛って尻のほっぺの部分？　それともアソコの穴からアナル付近？

ほっぺには生えないわね。処理したこともないわ。

でも、なんつうの？　オトコで言う、玉裏部分？　あのあたりに生える毛は、ブラジリアンワックスで脱毛よ！　体育座りした状態でゴロンと寝て、アナル周りをベリベリと。

外国では手入れは当たり前だけど、日本じゃ、温泉なんか行っても、みんなナチュラルにボサボサよね？

夏はビキニからはみ出る人もいるから（足の付け根あたりとかへそ下とか）、そういう人は自己処理とかエステサロンで書いてある「ビキニライン」ってヤツでやるのよ。

外国なんてビデの国だからアソコ洗う習慣があんのよ。日本なんか、ボディーソープしかないし、アソコ洗う石鹸《せっけん》はアダルトショップみたいな場所に行かないと売ってないけどフランスは当たり前に売ってるわよ。たんぱく質を落とす優しいリキッドソープが。

あっ、てか、アメリカでもドイツでもそういうソープを見かけなかったからフランスだけなのかも？

という回答が‼

あたしが、

「日本って遅れてるのかしら？　たしか、ピルに対しての意識も全然違ったわよね？」って聞くと……、

「遅れてる遅れてる。避妊ピルなんか見ても、フランスの解禁が、１９６６年『こまっちゃうナ』（山本リンダ）なのに対し、日本の解禁は、１９９８年『Ａｕｔｏｍａｔｉｃ』（宇多田ヒカル）と、このくらいの違いがあるわけ！　おまけに、【ジャン・アレジとゴクミは子供がいても結婚というスタイルを取らない】なんてのも日本の上の世代くらいの方々からしたら〝不思議の国・フランス〟とかになるわけでしょ？日本は遅れてるのよ‼」と言うの。

「たしかに、それを日本が遅れてると取ることもできるけど……、むしろフランスなんて負け犬＆ゲイ大国じゃない？　そんなお国を真似したりする女は日本じゃ、完全に〝負け犬〟って呼ばれたりするのよね？」と返信すると、Ｔ子は、

「間違いない、間違いない！　某芸能人みたいに、40歳超えて、『セックス！　セッ

クス！』言ってるような阿婆擦《あばず》れになるところだったわ。きっと、毛の処理も日本人感覚でほどほど無難じゃないと結婚なんてできないわね。47歳でグッドルッキングガイな外国人の彼氏持ち、独身なんて人生なら手に入るでしょうけど」ですって。

リアルすぎて大笑いしたわ。

要するに処理って自己満足。どこまでやるかなんて自由よ!! 剃るも抜くもいいしエステで相談するのもいいかもしれないわよ！

男にどう見えるかよりも、**自分の身だしなみとしてするくらいでいいと思う。**だって、毛があるとかないとかって男の好みもあるだろうし、毛フェチじゃない限り、案外男って「毛」なんて見てないわよ！

B―処理しない

しないならしないでいいわよ。どーんと胸張ってなさい!! ま、下着からはみ出る毛くらいはカットしてもいいと思うけど、お尻の毛なんて明るい場所でやらなきゃ見えないから。

処理するのも「濃くなりそうで嫌」っていうなら、部屋の明かりは極力暗くしてすれば大丈夫よ！　**男は毛なんて見てないから！**

安心しなさい‼

女の落とし穴

毛よりも気をつけなきゃいけないのは、「トイレットペーパー」と「臭い」よ！

トイレの後に強く拭《ふ》きすぎるとオシリにトイレットペーパーのカスがついてしまうことがあるからそっちを見られないように気を付けて！　拭くときはそっと押すように！

流せるウェットティッシュを用意しておくといいかも！

そして、臭いも大事！　男は毛よりも臭いにゲンナリするから！

臭いが気になる人はアソコ専用の石鹼を使ったり、病院で相談してみるといいかもよ！

Q スッピン、見せる？ 見せない？

彼氏ができて1ヶ月。お泊まりする機会も少しずつ増えました。でも……困っていることがあります。それはスッピンを見せてもいいかどうかということです。

実は私、ものすごくブスなんです。友達にはスッピンの顔が、とある男性芸人さんに似てると言われるほど……。メイクは得意なのでギャルのように厚化粧すれば別人のように可愛くなれます。今の彼はちょっとケバイ子がタイプのようなので、私の顔も可愛いって言ってくれるのですが、スッピンになったら彼に嫌われないか心配です。

私はスッピンを見せないほうがいいのでしょうか？

A 見せない

貴女、きっと自分に自信がないのね。コンプレックスであるスッピンを見せるのって勇気がいるものね。

しかも、彼が知っているのは、厚化粧した顔のみ……。顔がタイプとか言われてるのなら、貴女の魅力は顔しかないんだから、素顔は隠し続けて可愛いメイクを見せ続けて！！！

でもね？　メイクと素顔が別人なんて、だいたいの男は知ってるし、過去にドン引きした女の一人や二人くらい経験してたら、もう、何を見ても驚かないわ！！！！！ま、でも最近はナチュラルメイクが流行《はや》ってるから、それをスッピンだと勘違いしてる男も多そうだけどね。

結局のところ、スッピンを見て嫌いになる男もいれば、受け入れてくれる男もいるし、スッピン好きの男もいるし、バッチリメイクが好きな男もいる。

綺麗を売り続けるのも努力だし、自信がないなら自分の覚悟が決まるまで、風呂上がりですらバッチリメイクで過ごせばいいのよ！

お肌には悪いけど、それで彼がご機嫌で、貴女も自分らしくいられるならそれでいいじゃない！　案外、

「スッピンは見られたくないなんて……そういうところも可愛いな」って思ってもらえることもあるわよ!!

ただ、**ずーーーっとスッピンを見せずに生活するのは大変だから、その覚悟は必要ね。**

あと、**彼が、「スッピン見たい」とか言い出しても、心動かさず、自分の決めた道を貫くことね**!!

いつまでも「顔がタイプの貴女」でいてください。彼に惚れさせて惚れさせて惚れさせてやるのよ！

そしていつしか、「中身までタイプの貴女」になれたとき、二人の関係は、スッピンくらいじゃ壊れない関係になっていると思いますよ！

自分のコンプレックスときちんと向き合えるまでは、スッピンは見せなくてよし!!

B　見せる

あたし、メイクしないし、女子の顔に全く興味ないから、よく分かんないんだけど、みんな努力してメイクしてるわよね。

でも、興味のないあたしに言わせればメイクってピザみたいなもんよ。

薄い生地もあれば分厚い生地もある。チーズだけしかのってないシンプルなものもあれば、トッピングトッピング、全部のせ！！！！　みたいのもあるし。

薄いメイクが好きな男もいれば、濃いメイクが好きな男もいるし、スッピンが見たい男もいれば、メイクして化けていく姿を見たくない男もいる。

でもでもまず肝心なのは、何がのってるかよりも、ピザが好きかどうか、じゃない？

ピザが嫌いだったら何がのってても食べないもんね。

スッピンの自分が大嫌いな今の貴女は、天然素材に憧れている、養殖の魚介類ピザみたいなもん（場合によっては養殖のほうが高いこともあるけど）。

それを悟られるのは怖い……。

でも、知ってほしいの！！！　こんな私の全てを全部受け止めて欲しいの！　って思って、スッピンを見せようって前のめってるんだと思うけど……。

貴女は素材がそれなりでも研究に研究を重ねて、秘伝のレシピかなんかをつくったのよ。

でも、そんなに苦労してつくったレシピでも男なんて、口に入ってしまえば「うめ～、これうめ～」でおしまい。苦労とか調理方法とかそんなのあんまり気にしないし。

反応なんて人それぞれ。彼も貴女のコンプレックスに気づいて、

「スッピンも可愛いよ」って言ってくれるかもしれないし、もちろんドン引きされる

かもしれない。

女の「こんな私を受け止めて」という想いが重すぎて、逃げ出すかもしれない。

でも肝心なことは、相手に「自分が思い描いた反応を求めないこと」。

だってスッピンが見たいって言われた訳じゃなくて、貴女が勝手にヤキモキしてるだけなんだもん！　だからこそ自分に自信を持って堂々としたらいいわよ。

もちろん「恥じらい」は必要よ。

そして、**もしもスッピンを見せたいなら、突然見せるのではなく、少しずつ薄くしてみたらどうかしら？**　今はナチュラルメイクが主流みたいだし。

そんな方法もあるわよ!!

女の落とし穴

スッピンを見せることだけにとらわれていると、ついつい油断しがちになってしまうこと。それは「化粧の工程」を見せてしまうこと。これが男性からは意外と不評だったりするの。

いつの間にかメイク道具を置いていかれるのが嫌だとか、つくられていく姿が何となく怖いとか……。

全部を見せすぎてしまうと、男って興味を失ったりするから、どんなに仲良くなってもちょっとした可愛げや恥じらいを忘れないようにしたいものね！

Q　彼氏か？ 友達か？

緊急の大問題です。

親友のA子と映画を観ようって約束していたんですが、急に彼氏から「今夜会えない？」って連絡が……。先約はA子だけど彼氏とは2週間会ってないし……。

彼氏と会いたいけどA子に何て言って断ったらいいか分からないし……。

こんなとき、私は彼氏と友達、どっちを取ればいいの？

A　彼氏を取る

女の友情よりも彼氏が大事♪　そんな感覚の女子って案外多いはず。

映画なんていつでも行けるし、「ごめん！　今度絶対奢るから！」の連絡**でフォローすれば問題ナシ！**

焼肉でもスイーツでも友達の好きなものよ！

きっと友達も分かってくれるから！

彼氏とのデートを楽しみなさい!!
彼氏を取るで正解よ！

B　友達を取る

貴女ってきっと「先に約束していたから」ということが、ひっかかってしまうマジメちゃんじゃないかしら？

女の友情を問題にするというよりも「約束に律儀な自分」を大事にするということにしましょう。

それなら「彼氏よりも友達を取った」とか「友達よりも彼氏を取った」とか、そういう次元で悩まなくて済むでしょ？

彼氏には、「ごめーん。A子と約束してたんだ！」ってメールしましょう。

なんなら、「映画だから○時には会えるよ」とメールするのもあり。

だけど、映画の後もダラダラしそうで、終了予定時刻が見えない場合は、無理に約束をつめこまないで、また別の日に会う約束をして！

女の落とし穴

これってシチュエーションによってもどの選択がいいかって迷うと思う。

例えば、

「彼氏ができたら彼氏優先だよね……」

って暗黙の了解で分かっている常に恋してるモテ子グループなら問題なくても、

「私たちってずっと友達だよ？　彼氏とかできても友達だよ？」

って言ってるイケてないグループだと、彼氏を選んだ途端に恨まれそう……なんて場合も。

もちろん遠距離恋愛で彼と会うのは半年ぶり！　っていうのと、昨日も彼と会ったよーっていう場合でも状況や選択が変わってくるかもしれない。

でも、一番気を付けたいのは、彼氏を取るにしても友達を取るにしても、断る理由に「ウソ」をつかないこと。あとあとバレると面倒だから。

正直に話しましょ！

「常識」「状況」によって左右されるからこそ、ウソをつかない、まっすぐな姿勢を分かってもらうことが大事なの！

Q 二番手を続ける？ やめる？

28歳、独身です。彼女がいる男性を好きになってしまいました。

出会った頃に、

「彼女とはうまくいってない」

「情で付き合っている」

「別れたいけど彼女がなかなか別れてくれない」

「彼女とはセックスもしていない」

と聞いていたので奪えるって思ったんです。

でも、実際はなかなか別れてくれなくて気が付けば1年経《た》ってしまいました。

「好きなのはおまえだけだよ」って言ってくれているしエッチもしているので、このままの関係を続けていれば彼が彼女と別れたときに、二番手の私が彼女になれると思うのですが、いつになるか分からないのでこのままでいいのか心配になります。

私は二番手を続けるべき？ やめるべき？

A　続ける

二番手と言う「思い込み」が気になりました。もしも彼女と本当に別れたいと思っていたなら、他にいい女がいてもいなくても男は女と別れます。

逆に言えば「別れる理由がない」から別れないんです。

もっといい女と出会ったら男はすぐに行動してくれます。早ければ1ヶ月、遅くても半年以内で彼女と別れて新しい女を選びます。

そして、彼女がいても「奪える女」はこんなことでダラダラ悩んだりしません。

彼女が持っているもの。

自分が持っていないもの。

彼女が持っていないもの。

自分が持てそうなもの。

常に研究して彼女以上に好きになってもらえる努力をしています。

でも、**貴女は「二番手だから……」と言ってるだけで、結局は、エッチでしか彼を繋ぎ止められてないんじゃないですか？**

だらだらと1年も関係を続けて彼女と別れる気配のない男。

貴女、完全に遊ばれているだけですよ。

彼女とはうまくいってないとか、セックスしてないとか全部ウソ！

何でそんなウソをつくかって？

「彼女って酷《ひど》い人！」とか、

「彼は彼女と別れたがってる！」って思わせれば簡単に遊べるからよ。

だから、もしこの関係を続けたいなら、貴女の立ち位置を考え直す必要があるわ。

これ、例えば音楽の世界で考えてみようよ？

メジャーデビューして活躍している人を羨《うらや》ましがってるバンドがあるとするわよ。

俺たちはこのジャンルだったら二番手だな。

だから次にメジャーデビューするのは俺たちだ!!

それにあんな音楽は邪道で一番じゃない!!

俺たちの音楽こそが一番になるべき存在だ!!

あいつらさえいなければ俺たちが一番になれるのに!!

みたいに言ってるバンドがあったとして、でかい口を叩くのは勝手だけど、二番手だってそもそも誰が言ったの？　って話じゃない？


順位にとらわれていると自分を見失うの!!!!!

事務所も決まらないしメジャーデビューもできず、CDも出せないまま世間に知られることもなく終わりを迎える。

なんてこともあるわよ？

それにさ。貴女は、

「打倒AKBです！　私たちもミリオンいきます！」って言うモーニング娘。的な立場にいると思ってるかもしれないけど実は、

「打倒K－POP！　負けてられません！」って言い出した演歌軍団くらい、ジャンルが違くね？　ターゲット間違えてね？　って感じじゃない？

もしも今の彼女は「情」だと言うならさ、彼の心の中ってきっとヒットチャートで1位を賑《にぎ》わせていたアイドルを好きになったのは確か。

だけど、ブームが過ぎてもファンになっちゃったからずっと応援したいんだよね。世間的には売れなくなっても嫌いになる要素がない。だって彼女が発信してることって彼にとって居心地がいいから。だからCDだって買いたいと思う。

ブームに左右されずに付き合っていたいと思うのよね。

一方、貴女はどうかしら？

貴女ってBGMみたいな女なのよ。主役にはならないけど彼の人生を引き立てる脇

役みたいなカンジ。

例えば、職場で流れている有線でさ、あ、この曲、売れるな。って思ったのよ。好きか嫌いかではなく直感で売れるって感じたの。でもCDを買いたいほど好きとかじゃないのよ。

職場が月額使用料払ってる有線で、時々「リクエスト」してもいい曲が貴女。

貴女という個人が選ばれたのではなくて、「あたしのカラダ」という名前の曲をリクエストされて、日本有線セフレリクエストランキング、堂々1位に選ばれました!!

歌っていただきましょう。

日本有線セフレ大賞受賞曲

「あたしのカラダ」です!!

みたいなのが貴女じゃない?

本命とセフレじゃ「ジャンル」が違うのよ。それが「セフレ」になるということ。

二番手は繰り上げ当選で本命になれるんじゃないの。二番手という名の「セフレ」なだけよ。

続けるならずっと自分はセフレでいるという覚悟をしなさい。

割り切って、本命になれる夢なんてみないこと。

B　続けない

1年もその関係を続けて彼女と別れないってことは、この先も別れる可能性は低いわ。男って女を抱くためには何だって言うんだから。

しかも男って、「本命」と「遊び」はきっちり分けてるの。

遊びの女が本命に昇格できることって、実はそんなにナイのよ？

だから「自分が二番」だと思いつづけて、彼が別れるのを待って実際に別れても、貴女が選ばれずに他の女が選ばれる！　なんてこともよくある話。

このまま続けても時間の無駄。とっととその関係をやめるのが正解よ。

女の落とし穴

1年もセフレとしての時間を費やすと、女の人って「ここまで頑張ったんだから、付き合わなきゃ絶対に損」みたいに思ってしまうのよね。

それで、最終的に「付き合えない」って分かったときに、「騙された！　時間を返せ！　責任とれ！」って大騒ぎするんだけど、今まで脈なしのポイントがいくつもあったはずなのに、それには気づかないフリして自分で続けた関係でもある。

お互いに責任があるんだから、被害者ぶったところで何も解決しないわよ。

1年も費やしたと考えるより、1年で気づけたと考えて前に進んだほうがいい!!

悪い夢から覚めたってイイことよ！

2位も
ビリも…
1位じゃ
なかったら
同じス。
イミないス。
駅伝
うっ
うっ
ドキ

Q―朝起きて歯を磨く？ 朝食後に歯を磨く？

聞いてください！　この前参加した合コンでの話です。

女子の中に歯科医院で働く子がいてその延長で歯磨きの話題になったのですが、男子の中に「朝起きてすぐに歯を磨く」って人がいたんです！　普通は朝食後に歯を磨きますよね？　案の定、メンバー6人中5人は、朝食後に磨くって意見だったんですが、その人、自分の非を認めないんです。意見を曲げないっていうか。

そのときは何も言えなかったんですけど、やっぱり朝起きて歯を磨くのって変だから、その人にもう一度朝食後に磨かないと虫歯になるよって言ってもいいですよね？

A―朝起きて歯を磨く

知るかよっ‼

B　朝食後に歯を磨く

勝手に歯槽膿漏！

女の落とし穴

朝起きて歯を磨くという人は、口の中が気持ち悪いとか、目が覚めるからっていう理由だと思うの。朝食後に磨くという人は、虫歯を気にしたり食後の歯の汚れを気にして判断してるんだと思う。

それぞれ歯を磨く理由が違うのよ！　だから「自分の常識」を振りかざして、男に意見してやろうっていうのがそもそも間違い!!

自分の常識は他人の非常識よ！！！　自分と違う人がいるからって目くじら立てて怒り出す貴女、可愛げがないわね!!

ちなみにあたしは朝からキスするなら、起きて磨いて、食後も磨くわ!!　キスする相手はいないけど！

Q 天然キャラになる？ ならない？

私の女友達C子の話です。

彼女、男に媚《こ》びるんです。合コンとか行っても普通は女性が料理を取り分けるじゃないですか？　でもC子は男性に取り分けてもらうんです。「これとってほしいな〜」とか「あれ食べたいな〜」とか。それで男性がC子の指示に従うと、「ありがとう」って、可愛こぶりっこしちゃって。こんな女、絶対にモテない！　って女子の間ではブーイングなのですが、何故《なぜ》かC子はモテるんです。ちゃっかりメアドなんか交換して。

しかも男性たちはC子のことを「天然ちゃん」って呼びます。

絶対嘘。C子は天然じゃなくて男に媚びてる養殖ちゃんなんです。

でも……男って、たとえつくっていても天然な女性が好きなんでしょうか？　ほんと、男って女を見る目ないですよね。

私もC子を見習って天然キャラにシフトチェンジするべきか悩んでいます。

A　天然キャラになる

そもそも、天然キャラって今、流行ってるの？

もうブームは過ぎ去った気すらするけどね。

貴女に必要なのって、天然キャラを演じることではなく、自分の中にあるコンプレックスと向き合うことだと思う。

きっと貴女、自分のほうがイケてるって自信があるのよ。それなのに男たちにチヤホヤされるC子を見て、なんで？　なんであんな女が人気あるの？　って嫉妬してるのよ。

そしてC子と自分を比べて、「男に媚びられない自分」にコンプレックスを持ってしまってるの。それが天然キャラへの偏見になってるのね。

貴女が思ってる天然キャラを一度やってみたらいいと思う。たぶん、失敗すると思うから。

だって貴女が思ってる天然キャラって、単なるワガママぶりっことかでしょ？

違うのよ！！！　本質が違うの!!


C子さんは男に媚びてるんじゃなくて、男に「頼ってる」のよ!!!

男って頼まれごととかされるのって案外好きなのよ？　そしてきちんとお礼も言ってるでしょ？　そういう可愛げを出してるだけ。

可愛げと天然を間違えると、とんでもない仕上がりになるから。

貴女がシフトチェンジするべき問題は、C子さんへの不満を口にするし、そんなC子さんにメロメロの男たちへのダメ出しをするような、可愛げのない女から、人を褒める、人の悪口を言わない、そんな可愛げのある女になることよ！

B―天然キャラにならない

天然ってなろうと思ってもすぐになれるものじゃない。

天然ちゃんの素質がない貴女には無理よ！

でもね、天然って別に分かりやすいブリブリな子だけじゃないのよ？　いろんな天然ってあると思うの。

例えば、ブログも読んでくれてるとっても真面目な女友達のK子と、元負け犬の教祖T子と青年Mっていうゲイの子と飲んでいたときの話。

ゲイバーの店子《みせこ》（ゲイバーで働く男の子のこと）の話題をしていたらK子が、

「え？　店子って何？」って言ったのよ。
そしたら真っ先に口を開いたのはT子!!
T子「ちょっと！　この期《ご》に及んで店子を知らないふりって何？　だって、あんたらも『あの女』ブログ、一応読んだりしてんでしょ？？」
って息を切らせて怒鳴る怒鳴る。
K子「ブログは読んでるんだけど、ゲイ用語で分からないのはとりあえず飛ばして読んでるから意味とか全然知らないの〜」
T子「出た綺麗売り！　何、この女!!　SNSとかやってて、もえ？　それな〜に？とか言っちゃうような女なんでしょ？　これがモテ女なのね!!」
って目をギョロギョロさせて地団駄踏んでたわ。
でもK子は、自分はぜんぜんモテないからって謙虚でね〜。
K子「いや、あたしホントにモテないから。けっこうガサツなほうだし」
ゴマ「例えば？　どんな風に？」
K子「例えば、メイクとか落とさないでも、全然平気で寝れちゃったりするし」
T子「だめ!!　あたし絶対だめ！　どんなに酔っ払って寝ちゃっても夜中に目が覚めて綺麗にメイク落としてるの。朝起きて、ハッとするわ？　あたし、いつ落としたの？　って」
青年M「っていうかさ〜。そういうガサツぶるところも作戦よね？　男が可愛いとか思うんでしょ？」
ゴマ「そうそう！　しかもK子みたいなカンジが言うからいいのよね？　T子が『あたし朝までメイク落とさない人なの〜』とか言ってごらんなさいよ？　フキデモノとかたくさんできてそうって哀れに思われて終わりよ」
T子「ちょっと！！！　ふ　ざ　け　な　い　で　？」
K子「いや、そんな作戦とかじゃないの。他にも〜、吉野家でテイクアウトした牛丼とかも途中で食べるの飽きちゃって、冷蔵庫にも入れずにそのままほったらかしにして次の朝とか残りを平気で食べちゃうしぃ。あと、野菜スープつくったときに鍋ごと冷蔵庫に5日間くらい入れっぱなしにしてて、平気かと思って食べたらダメで〜、さすがにお腹こわしたわ〜」
ゴマ「だめよ〜冷蔵庫に入れてたって、毎日、火を通すくらいしないと」
T子「あ〜これだ！！！　野菜スープ鍋ごと5日間も入れちゃって、でも大丈夫って思って食べちゃったの〜ってこれ使えるわ〜。男が心配したくなる女よ。使える!!　野菜スープあたしも言うわ〜」

青年M「だめだめ!! あんたはダメよ! あんたが料理したものなんて1日だって
　生々しい!!! それに野菜スープとか似合わないからあんたは肉うどんよ!!」

T子「ん魔! あ〜〜〜あたしも天然ぽくなりたい!! どうしたら天然になれる?

　あたしも天然ぶったらモテるかしら??」

　って大笑いしたことがあったんだけど。

　ここで気づいてほしいのは、**天然って要するに、自分のキャラに合った自分の売り方をするってこと。**

　ギャップって言うのかしら? K子みたいな普段から真面目な子が、男にモテない……って話をすると、ただただ男にだらしなかったりするようなモテない話ではなく、なんか男が守ってあげたくなるような良いギャップになって、周りが勝手に天然と勘違いしてくれるの。

　でもきっとT子みたいな、普段からお笑いキャラの女は、見た目のまんまの「私、モテない!」って数々のモテないエピソードを披露してしまって、〃あっ、この女はヤメておこう〃って思われるのがオチなのよね。

　むしろ、T子は、男子に積極的に料理を取り分けたり、後日料理ができることを少しアピールしたりするほうが、ギャップ惚れさせることができると思う。

ただただやみくもに天然ぶるよりも、自分に見合った自分の売り方を考えたほうが得策かもしれないわね！　相手を勘違いさせてナンボよ！

女の落とし穴

コンプレックスってとっても厄介。あの子やこの子と比べて、自分のキャラに迷走して、結局、「今のあたしのままでいい！」とか、「こんなあたしの全てを受け止めてくれる人がいるはず！」とかまで思い詰めて、酒豪キャラやシモネタキャラなど自虐へと走っては落ち込むを繰り返す悪循環にたどり着く女子って結構多い。

自分のコンプレックスとなかなか向き合えない女は、あれこれ考えるだけ深みにはまるから、もっとシンプルに考えたほうがいいかも。

男なんて、付き合える、付き合えない。エッチできる、エッチできない。そのくらいでしか考えてないわよ。

ブラしてくるの忘れちゃった…見ないでよ胸元。ぜったいだヨ
やだー
もうっ
ポカッ
スリッパのまま家から来ちゃったー
はずかしーーッ
ペロッ
サッ
養
養
養殖
天然

Q 彼との1泊旅行、荷物は多め？ 少なめ？

明日、彼氏と1泊の旅行に出かけます。移動は新幹線なのですが、あれも必要かなこれも必要かなって考えていたら荷物がたくさんになってしまって、大きめのキャリーバッグにギュウギュウ荷物を詰めてしまいました……。

化粧品、生理用品、着替え2日分、服に合わせた靴、タオル、歯ブラシ、シャンプー、リンス、デジカメ、折りたたみ傘、寒かったときのためのちょっとしたアウター、おやつ、お水、パジャマ、暇になったとき用のトランプやマンガ本……。

あ〜これってやっぱり多すぎですよね？ でも、何かあったらって思ったらどれも減らせないんです。

荷物多くても平気ですか？ ダメですか？

A 荷物は多め

あたしね、ゲイの友達と同じような話をしたことがあって。

ゲイ友達のHさんとC子とM子とKさんの4人が、車で1泊2日の旅行に行ったことがあったらしいんだけど、そのときみんな、

「絶対C子、でっかいカバンをガラガラって引っ張ってくるわよ?」って話してたらしいんだけど、結局、C子の荷物はそうでもなかったらしいのね。

でもC子、言わなきゃいいのに、

「あのとき、ほんとはもっと荷物たくさんあったんだけど彼氏に、『オマエ、1泊2日なんだろ? 何、その荷物?』って言われて3分の1に減らしてきたのよ~」とか言い出して大笑いしたの。

しかも、C子、旅行のときにどのくらい荷物が多いかって、

「北海道旅行2泊3日に行ったとき、あたし、コート3着持ってってたわ」とか言いだして。

それ、オシャレな女とか準備が良すぎる女とかいう以前に、**持ってる洋服、全部持ち歩きたい女なんでしょ?** 終わってる!! C子、終わってる! って大爆笑。

挙句に、

「風邪薬とか頭痛薬とかも一式持って行ったり、暑かったとき、寒かったときのことを考えた服も持っていくからとにかく荷物が多くなるのよ~」っていういるそういう

女。

そんなに荷物持ってってても半分も使わずに帰ってくるんだけど持たずにはいられないのよね!!

あたし、思わず、

「そんなもん、現地で買えばいいじゃない」って言ったら、

「それはお金のある人の意見よ」って返されたわ。だから、

「そうなのあたし、お金だけは持ってるの!!」って言った後、虚《むな》しくなったことがあったんだけど。

荷物が多いことのメリットって、自分にとっての必需品はもちろん、服が多ければ、

「彼の前ではオシャレでいたい」っていう女心が満たせることもあるわよね。

そして、何かあったときのための準備なのよね。絶対使わないって分かっていても、あったら便利だし、旅先で困るよりは荷物が多いくらいでいいという判断。

旅先で買えばいい、という価値観にも抵抗があるってことは金銭感覚がしっかりしているという見方もできるし。

そして、少し心配性のところもあるんじゃない？ 旅先で、あれを持ってこなかったけど、もし必要になったらどうしよう……。なんてハラハラするくらいなら、荷物

が多くても安心して旅行を楽しめたほうがいいものね！

ただし‼　デメリットもある。

移動は新幹線！　はっきり言って、荷物が多いと不便！　でも、自分で持ってきたんだから、**どんなに重くてもどんなに邪魔でも自分で責任とること‼　そして、彼氏に「なんでそんなに荷物多いの？」って嫌味とか言われる可能性もあるから、絶対に怒ったり拗《す》ねたりしちゃだめよ！**

旅行でお互い疲れてると、そういうところからケンカがはじまったりするからね！

B―荷物は少なめにする

旅慣れしてくると、案外荷物って少なくても平気だということが分かってきたりもするもの。外出先に「家」にいるような安心感を求める必要はないわよね。

旅行は旅行。楽しむことが大事だから、気楽に身軽に出かけるのも案外楽しいわよ！

荷物が重いって本当にしんどいものね。

そして、どうしても必要になったら、お金はかかってしまうけど「買う」という選択肢もあるから。買うためにあちこち彷徨《さまよ》って時間を無駄にしてしまうこともあるけど、そんなのも旅行の醍醐味《だいごみ》！

とりあえず、彼氏にどのくらい荷物持っていくか聞いてみてはいかがかしら？　男の人だしそんなに多くないはず。

彼氏に合わせると思って、思い切って、キャリーの中に入ってる荷物を半分くらい減らしてみましょ！

それに、荷物が多くて移動に手間取って彼がムッとすることはあっても、荷物が少なくて彼がムッとすることはあんまりないかもしれないし！（あからさまに必要なもの・大事なものを忘れたという場合は別だけど）

女の落とし穴

荷物うんぬんの前に体調を万全にしましょう。旅先で体調を崩して寝込んでしまう人って結構多いのよ！

そして！　旅行の日に生理がくるかどうかの確認も！

彼が夜のエッチを楽しみにしている場合もあるし、貴女自身も楽しみにしているなら、少し恥じらいながらそれとなく当日のエッチを断るか、スキンシップでイチャイチャするだけにしましょ！

Q 彼のTwitter、フォローする？しない？

最近、付き合いだした彼。Twitterでフォローしあうのって常識ですよね。でも、彼はメールしたり、電話で話したりするのだから、SNSでは繋がらなくていいんじゃないかっていうの。

これって浮気したいってこと？

フォローしあったほうがいいですよね？

A フォローする

ネット上でも「彼と繋がっていたい」、そんな乙女心が貴女にあるのかないのかは分からないけど、浮気が心配というのなら、「監視」という意味で繋がるのもいいと思います。

それに、過去のつぶやきや日記から、彼がどんな女と付き合っていたのかっていうのも分かるし、彼がどういう女が好きでどういう女が嫌いか、リアルな発言から彼の好みを知ることもできる。

そして、自分のことを周りの友達にきちんと話しているかどうか、そういうのも知れたりするじゃない？

彼の自分への「本気度」を知る手段として繋がるのはアリ。だけど、**知れば知るほど辛くなるということもあるから、ある種の開き直りがないと大変よ。**

だって、繋がったことをきっかけに彼のことがまだ忘れられない元カノとか、彼に思いを寄せている女とかが貴女の存在を知って貴女と彼がケンカ別れするように仕向けてくる可能性もある。そういうのにイチイチ反応しない器のデカさが必要！

そしてもう一つ。

人によっては「付き合っている人の愚痴や悪口」を書く人もいるわ。

〈彼女とケンカ。マジむかついた。〉と書かれてしまうこともある。

そういうのにも耐えられるなら、フォローしちゃいなさい！！！！！

ただし、監視のしすぎは要注意！　生活できないほどのめりこむと厄介よ！

B│フォローしない

Twitterでもmixiでもfacebookでも、付き合っている人のことは、フォローしないって案外得策だったりする。

だって、過去のつぶやきや日記を見れば、彼の交友関係や元カノのことまで出てきてしまうかもしれないじゃない？

そんなの読んだってモヤモヤするだけ！

あのときの彼女のことはこんなにつぶやいているのに、私のことは全然……。

彼、私のこと好きじゃないのかも！

なんて疑心暗鬼になって、不安になって不安になってその気持ちをぶつけてケンカ別れになるなんてよく聞く話。

彼が「SNSでは繋がる必要がない」っていうのは、もちろん浮気したいから……ってこともあるかもしれないけど、例えば、メールには返信しなかったのに、Twitterではつぶやいていることに嫉妬されたり怒られたりするのも面倒だし、浮気を疑われたりしていると お互いによくない。ネットはネットで現実と違うわけだし、ちゃんとリアルを重視した関係にしようという意味もあると思う。

余計な心配ごとは増やす必要ないのよ。

あたしの友達なんて、彼とＴｗｉｔｔｅｒで繋がったせいで四六時中、彼のＴｗｉｔｔｅｒを見ていないと不安。彼が何をしているか全部知りたいし、自分と別れた後にどんな反応をするのか知りたい！　って、スマホが手放せない状態になって仕事も手につかなくなって結局別れてしまったって子がいるわ。

他にも、Ｔｗｉｔｔｅｒって感情がリアルタイムで見えてしまうから、お互いの距離感がよく分からなくなったり、さっきまで会っていたときの言動と別れてからの発言のギャップに戸惑って、深読みが止まらなくなったり……。

その状況に疲れたり、どの彼を信じていいのか分からなくなるなんてこともあるみたい。

ネット上で繋がるということは実は破局に繋がる可能性も高いということよ！

それにＴｗｉｔｔｅｒは直接フォローしなくても相手のつぶやきが読めてしまうこともあるからお互い「鍵」をかけて、読めない状態にしておくのがいいかもしれないわね。

女の落とし穴

今や「男性の浮気」だけが問題なんじゃない。検索すれば同級生や昔好きだった人なんかと簡単に繋がれてしまう世界。そう！　浮気は「女」にとっても簡単な世界。

彼の浮気を心配するよりも自分が浮気してしまう可能性もあるってことを忘れないでね。

彼氏ができたら、繋がる、繋がらないの他に思い切って「退会する」という選択肢もあるのよ。

最近、人相かわった？
ギン
24時間見てないとおちつかない……

Q　ジャニーズ？　それとも彼氏？

笑わないでください！

32歳、独身！　ジャニーズが大好きです！

こんな私にも彼ができました。優しくて話も合います。でも、私、ジャニーズファンをやめられないんです。なんだか裏切っているような気がして……。

私はジャニーズを取るべきですか？　それとも彼氏を取るべきですか？

A　ジャニーズ

そもそもジャニーズファンも彼氏との恋愛も、「両立」すればいい話なんじゃないの？　って思うんだけど。
彼氏ができる＝裏切り
と感じてしまうなら、貴女は恋愛よりもジャニーズに人生を捧げてもいいんじゃない？

全国各地、ライブ遠征して、グッズを買って、CDを買ってファンと情報交換をして日々、応援する！　それはそれで楽しい人生なんじゃない〜。

あたしの知り合いにもいるわよ。

とあるジャニーズの大ファンの女子。42歳独身。

彼女、いつも言うのよね。

「彼氏がいる」って。

周りの子はみんな、それがジャニーズで片想いしてるだけだって知ってるけど言わないの。で、そのとあるジャニーズのメンバーの熱愛が発覚したりすると、「最近、彼とはうまくいってないの……」とか言い出したりして、完全に恋してる状態！！！

もう、夢から覚めないほうがいい。そのまま突っ走ったほうが貴女のため!!

男なんてこの世には存在しない！　存在するのは、貴女とジャニーズ！！！

それでよろしいんじゃないかしら？

B──彼氏

彼氏ができたからってジャニーズのファンをやめる必要ってないと思う。っていうか、急には無理じゃない?

そりゃ、彼氏がドン引きするってこともあると思うけど。

「俺とジャニーズどっちを取るんだよ」なんて言われたら迷わず「ジャニーズ」って言ってしまいそうになることもあるかもしれない。

でも、理解ある人なら多少のことは許してくれると思うから、今までジャニーズに費やしてきた時間とお金の半分くらいは彼氏に向ける努力をしてみたらいいと思うわよ。

貴女だって恋愛したいんでしょ?

ファンはファン、現実は現実。自分で折り合いつけて上手にやったらいいのではないかしら?

ちなみによく聞く話だと結婚して娘が生まれたら娘もジャニーズファンにして母と娘で一緒にライブに行ったりするんだって。これって独身の頃とは違う新しいジャニーズの楽しみ方もできるってことよね。ジャニーズ事務所は結婚や恋愛に厳しいかもしれないけど貴女は別に恋をしても結婚してもいいのよ！

女の落とし穴

ジャニーズのファンになると、イケメンばかりを見るせいで、自分の理想が高くなってしまい、周りにいる男たちがみんなブサイクに見えて彼氏ができない！！！！　周りの男じゃ満足できない！　という声もよく聞くわ？

お願い！　あんた！　自分の顔を鏡で見て！！！！！！！！

地球がひっくりかえったってジャニーズの誰からも「告白」されるような顔してないわ！

応援するのはいいけど「理想」にしすぎちゃだめよ。

Q 彼女がいる男性に告白する？ しない？

もう5年くらい友達のA君。実はずっと片想いをしていましたが彼女がいるので我慢していました。

いつか別れたらそのとき告白しようって思っていたのですが、どうも彼女と結婚しそうなんです。それを知ったとき、苦しくて悲しくてショックで何も食べられなくて、3キロ痩せました。

私、このままじゃ嫌です。告白するべきでしょうか？　でも告白してぎくしゃくするのも嫌だし……。友達のままでいたほうがいいのでしょうか？

A 告白する

どうしても告白したいならダメ元でしたらいいんじゃない？

当たって砕けろ……っていうか、もう砕けるのは分かっていること。

だって5年も友達で彼から何のアプローチもないなら、彼は貴女のことを本当に

「友達」としか思ってないわ。貴女の一方的な片想いで、告白しようが彼が彼女と別れようが「結ばれる」可能性は、宝くじで1等が当たるようなもの！

どうせ結婚してしまうなら、彼への想いを断ち切るという覚悟で告白したらいいわ。

あたしの友達にもいるの。

仲のいい友達が自分に好意を持っているんじゃないか、恋人と別れて自分のところにくるんじゃないか、って勘違いして告白して、

「そんなんじゃない。おまえとはただの友達」ってハッキリお断りされた子が。

その子、あまりの衝撃に三日三晩泣いてたわよ。

だから貴女も**脈がないと分かったら、お断りされたなら、きちんと身を引きなさい。**

そして、稀《まれ》に「好意」を利用されて1回だけ抱かれたり、セフレにされてしまったりすることもあるから気を付けて！

B　告白しない！

そうね！　告白しないという選択肢はイイと思う。

だって、彼が貴女のことは「友達」としてしか見ていないのは一目瞭然。

彼女のことが大事なのよ。

貴女は、ここで告白しなきゃ後悔する！　って思ってるかもしれないけど、それって貴女の一方的な押しつけよ。

彼の本当の幸せを考えたら、貴女ができることって、彼の幸せを喜んであげることじゃない？　それに「結婚」したら、友達なんて関係も終わりを迎えることが多いわ？

家庭を持つと過去の女友達とは疎遠になるものよ。告白してもしなくても距離は離れるの。だったらこのまま忘れる努力をしなさい。

大丈夫！

もっといい人、現れるから！

女の落とし穴

ここで注意してほしいのは、どちらの選択をしても後悔しないということ。
告白して玉砕　↓　告白しなければよかった……。
告白しないで玉砕　↓　告白していたら付き合えたかも……。
と後悔ばかりしているといつまでも引きずって次の恋に進めない
わ－！！！！！！！
クヨクヨしてないで前向いて歩きなさい‼

Q ラブホでシャワーを浴びた後、服を着る？ 着ない？

相談です！　今、気になってる男性とラブホに来てしまいました。付き合ってはいませんん。付き合う前にエッチしてはイケないことも分かってます。でも私もエッチしたい気持ちもあるのですが……。

気になることが一つあります。

シャワーを浴びた後、どうやって登場するかです。バスローブ姿で登場したら何だかやる気満々に思われそうだし、全部服を着るのもばかげてますよね？

どっちが正解ですか？　教えてください！

A バスローブ

セフレでいいと確信してるならバスローブ or 下着姿で、色っぽさを出す!!!!

だって目的はエッチでどれだけ燃えるかだけだもん!!

B ― 服を着直す

本気なら恥じらいを含め、「慣れてない女・あまり経験がない女」を演出するために服を着る!!

女の落とし穴

あたしの女友達で、シャワー後、男が素っ裸で歩いていたので、自分も真似てシャワー後素っ裸で登場して、「お願い、何か着て」って言われた子がいたわ!!

Q エッチの前に体を洗う? 洗わない?

どうでもいい質問ですが、エッチの前に体を洗わない人のことどう思いますか?

私の彼なんですが、ホテルについてシャワーも浴びずにはじめようとするんです。

私は体を洗ってからじゃないと嫌なので、「シャワー浴びよう」って提案するんですが、そう言われるとテンションが下がるみたいで……。

体を洗わないままエッチするのって不潔な気がするのですが……。

エッチの前に洗わない人ってけっこういるんですかね?

A 洗う

洗いたいなら洗えばいいんじゃない?

貴女の問題は、なんか不潔な気がする。

汗臭かったら恥ずかしいし、相手の臭いや雑菌とかも気になる。

綺麗な体になってから抱き合いたい。

そういう心理から来てると思うので、貴女が満足するセックスをしたいなら、体を洗うことで貴女の気持ちがリラックスするなら、今のままでいいと思いますよ。

彼には、

「もう少しだから我慢してね♪」なんて可愛く誘ってシャワーに誘導しましょ!!

ただし、お酒を飲んでたりすると、お風呂の中で寝てしまってエッチする気分じゃなくなる……って場合もあるけどね。

そのときは、あきらめて寝て、朝、チャレンジして!!!!

っていうか、ベッドで寝ていて、お互いムラムラして始まる朝エッチの場合も、貴女って一度シャワーを浴びてからするのかしら?

だって寝汗とかかくわよね????

そっちが疑問よ?

B―洗わない

あれよね。

洗わないほうが燃える、なんて人も世の中にはいて、臭いフェチとかゲイの世界にはいるのよ。

洗ってないほうが興奮する！　みたいな。

ま、貴女の彼がそういうフェチかどうかは分からないけど、洗う、洗わないにはこだわってないんじゃない？

目的は「早くエッチしたい」ということだと思うから。

だってさ、ホテルだったら体を洗える環境だけど、そうじゃない環境（例えば彼の実家でご両親が家にいるのに昼間っから彼の部屋で……）でエッチが始まる場合だってあるじゃない？

そんなときは、体を洗いたい!!　なんて言ってられないものね。

時と場合によって応用できるとエッチのバリエーションも増えるかも！

ただし、どちらかが強烈に臭う日は、やっぱり浴びたほうがいいかもしれないわね！

女の落とし穴

エッチの前に体を洗うかどうかも問題だけど、エッチの後に体を洗うかどうかも問題よ！！！
彼が一緒にお風呂に入ってくれるか、
エッチの後にまったり過ごしてくれるか、
事務的に彼がとっととシャワーを浴びに行ってしまうか、
とかで、「愛情」って分かってしまったりするわよね。
あたしもセフレ……というか2回だけエッチした人がいたときに聞いたことがあるの。
「エッチの後、一緒にお風呂に入りたい人？」って。
そしたらソイツが言ったのよ。
「一緒に入りたい人もいれば、とっとと洗ってくれれば？　って言ってしまう人もいる」って。
だから、

「その違いは、大切にしたい相手かそうじゃないかってこと？」って聞いたら、

「そうかも」だって。

だから、あたし言ったの。

「この前、あんたと寝たとき、エッチの後でとっとと洗ってくれば？　って言われたけど、それってどうでもいい相手だったからよね？」って!!

大爆笑されたけどね。

そして、その男とその後会うこともなくなったという!!!

恐るべし!　エッチの後のお風呂事情!!!

で・
洗ったとして
その後、
ブラと下着は
つけるべきか、スッポンポンか
化粧は!?
しなおすの?
スッピン!?
コンタクトをはずすタイミングは!?
やる気マンマンと思われるのイヤだし
悩みがつきません…

Q 嫌な男からの連絡、スルー？ ハッキリ断る？

先日、高校の同窓会に参加しました。

当時あこがれだったA君が、今でもほんとにかっこよくて、勇気を出して、メールアドレスを交換しようと言いました。

A君もノリノリで交換してくれてヤッターって思っていたのですが、そこへ全然タイプじゃないB君がきて……。

「みんなでメアド交換しようぜ」って言い出したんです。

A君とメアドを交換している手前、断れず、B君ともメールを交換しました。

そこからなんです。B君の猛アタック。何通もメールしてきます。

私は2行くらいで返したり返さなかったり。

でも返事をしなくてもメールをどんどん送ってくるんです……。

今度会おうとか、高校のときずっと好きだったとか、いつ会う？ 会いたい、お願い1回でいいから、って内容もどんどんエスカレート。

私がこんなに素っ気ない態度を取ってるのに、脈がないってどうして気づいてくれないんでしょうか？　このままB君からのメールは、スルーして忘れてくれるのを待つべきですか？　それともハッキリ断るべきでしょうか？

A　スルー

あのね！！！　**惚れてるときは「どんな脈なしの言葉」も勝手にプラスに変換するものなの!!　返事がある＝脈がある！　恋しているときはそんな風に変換されてしまうもの！**

例えば、あたしとゲイ友達のHさんが、ゲイバーで飲んでいたときの話。

その店のママがね、Hさんに向かって、

「ちょっと大変よ！　あの子、貴女に本気みたいよ？」って話をしはじめてね。

あの子って、誰？　ってことになったんだけど、ずっと前にHさんのことをイケる！　って言ってる若い子がいる！　って言って二人がゲイバーでお見合いしたの。

それで、とりあえずメアドは交換したけどHさんは、オネエ全開で興味がないアピールしたらしいんだけど、その後、メールのやり取りはしていて、何度かご飯も食べに行ってたんですって！　ん魔‼　ぬかりない女！　って思ったんだけどもね。

Ｈさん的には全然、付き合うとかそういう気がないので、メールしたり食事に誘ったりして、気があるように思わせたら可哀想だなって思って、二人でこの店に飲みに来たときに、Ｈさんが他のお客さんに色こいてその若い子を放置して、あんたには興味ないよ、って気付かせる作戦に出たんですって。

で、ママがね、

「たしかに、あんときあんた、凄い色こいてたから、あれでもう脈ないなって分かったと思ってたでしょ？　でもね、あの子、この前、一人で飲みにきてね、他のお客さんに、『好きな人、いるの？』とか聞かれて、『カレシ候補はいます！』って答えてたよ。

しかも、『画像ないの？』って言われたあと、『え〜画像……ママ持ってますか？』ってあたしが聞かれたの！　それってさ、あんたが彼氏候補ってことよね？」とか言い出して。

Ｈさんも、

「えええええ？　だってあれだけはっきり興味ないって態度とったのに？？　ゾゾ

エー！！！」って大絶叫。

あたし、声を大にして言ってやりました。

「あたし、乙女だから彼の気持ちが分かるわ！　そんなあいまいな態度じゃ自分が嫌われてるなんて気がつかないのが恋する人の悲しい体質なの！

むしろ、好きな人が他の人と話していたら、自分に興味がないって思うどころか、何で自分とは話してくれないいんだろう……

何でこんなに寂しいんだろう……

どうしたら振り向いてもらえるんだろう……

どうしたら好きになってもらえるんだろう……

えっ？　もしかして、これが好きって気持ちなの？

って考えれば考えるだけその人への愛を再確認しちゃうことになるわけ！

はっきり断られない限り、メールもくれる、一緒に飲める、ご飯も誘ってくれる、だったらいつか付き合ってもらえる！　って妄想するの！　あたしも経験あるから分かる！　夜の8時とかに、『もう寝るね』ってメールが届いて、おまえ、8時に寝る奴じゃねーだろ！　それ、もうメールしてくんなって釘さしてんだろ！　って頭では分かってても、『疲れてるんだね！　おやすみ！』って、騙されていることはなかったことにして、ますます好きになっちゃうの!! だから、Hさん! 彼も若いしまだ自分が好かれてないとか、気づけるほど経験してないんだから、曖昧な態度のままこれで脈ないって分かるだろうなんて自分をよく見せようとしないで、断るなら断る! 曖昧な返信しかしないなら、金輪際返信はしない! どちらかにして!」って言ってやったわ。

しかもHさん、

「そう言えば……、お土産買っていきますね、ってさっきその子からメールきてたけどこれってどういう意味?」って言うからあたし言ってやったわ!

「彼、きっと今、何でも楽しいんだと思います。Hさんのためにお土産を選んでいる自分も好き。気持ち分かる! 母性本能がそうさせるの! 用事もないのに彼の好きなショップとかに入ってこの服、彼に似合うかな? この服、買ったら、彼喜ぶかな? とか想像して浮かれるの!! 妄想が暴走してどんどん気持ちを増幅させていくのよ! このまま変に期待させてると後々騙された! って逆上されて悪い噂を流されたり、慰謝料請求されたり、ストーカーされて刺されたり、いつかとんでもない目に遭うわよ!!」って。

そしたら、あたしに共感していた客が、

「恋は麻薬だね！」ですって。

Hさんが言ったわ。

「あんた知ってる？　恋は麻薬だけど、愛は凶器だよ」って。大笑いしましたとさ！

恋は麻薬なほど、恋している人は周りが見えなくなっていますから。

スルーするなら変な同情したりせず、自分が悪者になるのを怖がらず、毅然とした態度で音信不通にすること。

なんなら着信拒否、受信拒否もすればいい。

同窓会で出会った同級生たちに、悪い噂を流されてもいい覚悟で!!

B―断る

ハッキリ断るのも勇気がいるわよね。でもハッキリ断ってあげるのも優しさ。

あたしのゲイ友達にも断られたのがいてね。

凄く好きになってしまった人がいて、でも彼は実家暮らし。あたしの友達も実家暮らし。「お互い実家暮らしだと不便だよね」ってその子が言ったらしいの。

で、あたしの友達はそれを勘違いして、

「お互い実家暮らしだから付き合えないんだ！　もしも俺が一人暮らしをはじめたら、付き合えるかもしれない！　場所ができれば人目を気にせずエッチもできる！」って張り切って一人暮らしを始めたの。

で、気になる人を部屋に呼んで、告白したんだって！！！　そしたら、

「ごめん、そんなんじゃない。俺たち、友達だよね？」って。友達としか見てない宣言をされて玉砕！！！

ハッキリ断ってもらって夢から覚めたあたしの友達は、借りたアパート、1ヶ月くらいで解約してすぐに実家に戻っていました。

たまにはハッキリ断る。

「友達」だと明確にしたり、「好きな人がいるからごめんなさい」と、あなたの入る余地はないということを示しましょう。

ただし、勘違いしやすい相手の場合、

「友達でも……このまま友達でいれたらいつか付き合えるかも……」

「好きな人がいてもいい！　そいつを忘れるまで待ってる……」

なんて行動に出る人もいるので、そのときは、断る&スルーの両方使って！！！

女の落とし穴

そもそも「メアド」を交換したからこんなことに!!

その場の流れでも、嫌な人とはメアドは交換しない！

この辺を徹底すれば、こんなことで悩まなくても済むわよ!!

そして、貴女はAさんのことが気になってAさんにメールしてるかもしれないけど、もしかしたら自分が「Bさん」と同じ行動をしていないか！

Aさんから脈なしオーラを出されてないかも、ちゃーんと空気読みながらやるのよ！

Q　合コンでは癒し系？ お笑い系？

私、合コンで連絡先を聞かれたことがないんです！　私の友達はみんな癒し系でお酒もあまり飲まないいし、自分からは喋ったりしないので、私が盛り上げなきゃ！　と率先してお酒を飲んだり、面白い話をしてしまいます。時にはシモネタも話します。男の子たちもみんな笑ってくれるんですが、連絡先を聞かれるのは友達ばかり……。私のキャラ、間違っていますか？　合コンでは癒し系でいたほうがいいんでしょうか？

とにかく合コンで出会いたいんです！

A　自分のキャラを貫く

あのね？　面白い話ができて、お酒もグイグイいけて、それでシモネタもOKな女の子って、貴女はそれを、

「気配りができて場を盛り上げられる元気女子」

か何かと勘違いしてると思うんだけど、それ、男から見たら、「面白いおばちゃん」なんだよ。おばちゃんと付き合いたいって思う男子はいないよね……。

貴女の友達が「癒し系」だからモテてるんじゃなくて、貴女が強烈だから貴女が選ばれてないだけなんじゃないのかしら？

以前、元祖負け犬の教祖T子様が当時の合コンの話をしてくれたのね。

T子「独身時代、あたしも散々合コンに参加したけど、某モテOLがある合コンのとき、化粧直しにトイレに入ったの。あざといから電話番号交換の紙でも用意するのかしら？　と思って、あたし、ついて行ったら……チークたくさん塗ったあと、酔ったフリとかはせずに席に戻り、『あまりお酒飲めないから、お酒飲めるT子ちゃんが羨ましい〜』とか言ってんのよ！！！」

ゴマ「あはははは。チーク塗ってお酒で顔が赤くなった演出！　少し酔った演出!! しかもお酒ガバガバ飲んでるよね、T子って！　って意味だからさりげなく落としてるんでしょ？」

T子「そうなの！　その女、『場を盛り下げるの悪いしー』とか言いつつ、カシスソーダでイケメンをお持ち帰りよ！　で、あたし、のっけからシャンパン頼んで、

『シャンパン頼む女にロクなのいない』とか言われたうえに、さらにその女の価値を上げるアシストとかしちゃってたわ！　忘れもしない六本木イタリアン合コンよ！　しかもそのとき、『いや、このくらい飲んでる子の方がいいよ』って言ってくれた男のアドレスをゲットするも既婚!!

ふ ざ け な い で ？

即、削除したわよ。

4等賞、ボックスティッシュです。って話よね」

ゴマ「既婚が4等じゃなくて、あんたが4等って話だけどね」

T子「ん魔！　てか、**合コンでアドレス交換→デート→付き合う、なんてのは就職活動くらい難しいんだから、合コンって面白い女になったり、酔ってる場合じゃない！　男たちを笑わせたり、酒飲んだりした時点で負け戦だったのよ！**」

って大笑いしたことがあったんだけど。

どういう女の子が合コンでは男ウケがいいのか、そしてどんな女がモテないのかを察して即行動したもん勝ちなのよ。

それから、これ、あたしのゲイ友達の話で、合コンの話ではないんだけどさ。

ゲイ友達のHさんとKさんが、とあるバーで飲んでいるというので、あたしとM子がそこに合流したんだけど、Hさんってば開口一番に、

「あたし、今年は脱おばさん！！！！」って宣言してたのね。

もうその発言からすでにおばさんっぽいって思ってたんだけど、あるお客さんのタイプが、「お笑い」ということが判明。

それに食いついたHさん。

「あんた、あたしのことイケるでしょ？」って口説き始めたの。

てか、すごい、口説き文句よね。

「あんた、あたしのことイケるでしょ？」よ。

上から目線だし自分を「お笑い」と認識してるなんて。

その後も面白い話を連発した後、お店のテレビに、SKE48が映ってて、Hさんが、

「これ、何？？？」って言うから、

「SKE48。AKB48の姉妹みたいなやつです。名古屋で活動してます」って答えたら、Hさんが、

「は？　名古屋？　SKEのどこが名古屋？」って。

「たしか……栄のSaKaEからきてたはず……」ってあたしが答えたら、Hさん。

「あ〜、分かった!!　ＴＮＰ

Ｔ低

Ｎ燃

Ｐ費

みたいなもんだ!!」って言い出したわ。

結局、Ｈさん、

「脱おばさんのはずが全力おばさんだったわ!!」と、つぶやき、「お笑いがタイプ」と言っていたお客さんも、

「反面教師にしよう」ですって。撃沈よ。お笑いはお笑いでも、ここまでひどいのは誰も求めていなかった。ということに気づいた出来事だったわ。

しかも「仲間全員が面白いキャラ」だと、誰一人として売れないってことよね。

だから、貴女も、やりすぎているってことがあると思う。

周りの友達が貴女の面白さに乗ってこないってのは、そこに乗っちゃうと「モテない」ってのを分かってるんだよ。

過剰に「癒し系」になる必要もないけど、自分を貫きたいとしても、合コンで連絡先を聞かれたいなら、もう少し抑えたほうがいいんじゃないかしら?

100％全力でいくんじゃなくて、40％くらいの自分でもいいのよ。気を付けることは「男が思う女の子」のイメージを崩さないこと。

B　癒し系になる

癒し系が合コンで正解なのかは分からないけど、余計なことをしない、という意味では正解かもしれないわね。

自分の損になるようなキャラは出さない。

だって合コンなんて限られてる時間なんだもん。いろいろやってポイントを稼ごうとするよりもダメなことをしないで、マイナスに見られることだけしなければ、もう少し、話してみたいかも……、って思ってもらえることもあるわよ。

ま、顔がもともと可愛いとか、そういうのも影響してくるだろうけどね。

貴女、一度、自分よりも強烈なキャラの友達を、合コンに連れてって、自分はおとなしくしてみたほうがいいわよ。

案外、連絡先、聞かれるかもよ？

女の落とし穴

そもそも合コンで出会いがないというなら、その場所が貴女にとっては合っていないのかも。出会いの場って他にもたくさんあるから、合コンだけに出会いの場を求めずに、もっと視野を広げてみるといいわよ！

オギノ君て〜
まちがえること8回目。
オギノじゃなくてハギノです萩野。
オギノ、オギノってオギノ式か〜い
排卵期か〜い
ナハッ
ナハハ
アハッ
0% いやし系
両方ないかな〜
0% お笑い系

Q 宗教に入っている彼とこのまま付き合う? 付き合わない?

私には付き合って1年になる彼氏がいます。彼氏のことはマンネリ化することなく日に日に大好きになっていますがどうしても気になることがあります。

それは彼がとある宗教を信じているということです。ご両親が熱心な信者だそうで彼自身はそんなに興味はないと言うのですが……。でも変な宗教なんじゃないかと思って心配です。

私はこのまま付き合っていてもいいんでしょうか? それとも別れるべきですか?

A このまま付き合う

これって難しい問題よね。結婚のために「乗り越える」には宗教ってハードル高いイメージがあるわよね。

宗教と馴染《なじ》みのない環境で育っていたなら知らないことからくる不安や偏見、恐怖心。ネットで調べれば悪いコトが書いてあるしテレビのニュースで取り上げられるのは「カルト」な部分だけだしね。

自分たちだけの問題じゃなくて彼の宗教を信じるも信じないもどちらにしても自分の親を説得しなきゃいけないか相手の親を説得しなきゃいけないってことあるでしょ？

結婚式やお葬式でも違いがあったりするし、そもそも、「え？　親が宗教やってるからってあんたもやってるとかってなんか親の言いなりっぽくてイヤだ〜」みたいに感じる女子も多いはず！

宗教に対して偏見や嫌悪感を持っている人って結局のところ、「宗教」のことを知らないんだと思う。テレビのニュースやネットで見る話題なんかは、カルト的な危ない宗教ばかりが取り上げられているからどうしても「宗教」にいいイメージって持てないわよね。

あたしも宗教って全然興味がないからちょっと怖いなって思ってしまうけど、それってやっぱり「自分が知らないことに対しての嫌悪感」なんだと思う。

彼がどの程度熱心に信じているかにもよるけど、別に貴女は入信するように誘われてる訳じゃないんでしょ？

だったらこのまま付き合っていても問題ないんじゃない？

人って単純だから、「好き」なときは「彼のことが何でも大好き♪」みたいに、勘違いしていられるけど彼のことが「嫌い」になりはじめると、「彼の全部が嫌い！」に思えてくるもの。

だから貴女みたいなタイプの女は、宗教を信じている彼のことも好き♪　って今だけは割り切れる女よ。

大丈夫。洗脳されることもなければ、貴女が熱心な信者になることもないから（笑）。

それに、彼のことをもっと知りたいから、宗教のことも勉強してみようかなと思うなら、それはそれでありだと思う。

例えばよ？　洋服を買うときって、もちろんデザインが気に入ったからっていうのもあると思うけど、大好きな店員さんに勧められたから！　っていうときもあるじゃない？

だからって、そのお店に全財産を注《つ》ぎ込もうなんて思わないじゃない？（たまに見返り欲しさに通いつめて買いまくる人もいるけど）

例えばよ？　お友達と買い物に行って、

「これ、お揃いで買おうよ～」って言われて、なんか断れなくてついついお付き合いで買っちゃった。みたいなことってあると思うのよ。買ったけど、着ないよな～この服。みたいな。

宗教も同じで、貴女が病んでいるからのめりこむんじゃなくて、好きな人が勧めてくれたから、この人が言うならちょっと学んでみようかな？　くらいの話だったり、お付き合い程度で知ったり入ったりしたけど、私には向いてないな〜って判断できたり、どうするかの選択肢って貴女にきちんとあると思う。

だから付き合うって決めたなら、もう不安になるのはやめなさい。

別に貴女が彼の信じている宗教を愛する必要もないけど、偏見を捨てたら貴女の恐怖心は少しはなくなるんじゃないかしら？

もしかしたら新しい自分に出会えるかもしれないし、視野が広がるかもしれないわよ（熱心になりすぎると視野が狭くなる場合もあるけど）。

ただね？　お付き合いと結婚とではまた話が変わってくる場合も。

自分も入信するし下手をしたら自分の両親も勧誘しなきゃいけなくなる可能性もあることを覚悟する。もちろん、勧誘などがない場合は知らんぷりを決め込むかお付き合い程度に割り切って信じるフリをするってこともできるけど彼はそれでよくても彼の両親が納得しないってこともあるわよね。そこまでして結婚する価値がある男なのかって考えるべき問題であることも忘れずに。

B―付き合わない

宗教が無理、宗教がネック、宗教とかありえない！　そんな風に思っているなら別れたほうがいい。

どちらにしても貴女は、「彼と別れる理由」を探しているんじゃない？

だって本気で惚れてる「恋愛体質の女」なら、そんなことって気にならないもの。

貴女に「どこか冷静になれてしまう自分」がいるってことは、例えば価値観の違いを乗り越えようとか思うほどの相手じゃないってことよ。

育った環境が違うんだから、考え方や見てきた常識や習慣や生活パターンが違うことなんてあたりまえ。

それをどうすり合わせていくかではなく、価値観や宗教観が違うから無理！　と見切りをつけるなら、早いほうがいいわよ。

貴女はこのままじゃ、いつまで経っても、「不安だ。宗教が不安だ」って言い続けるだけで結局別れるハメになるから。

熱心なご両親ともうまくやれないだろうし、今後、彼とケンカになるたびに「彼が宗教に入ってるせいだ」って思うようになるかもしれない。

そしてなにより、宗教って恥ずかしい。自分の親にも絶対言えない……。

私は断固として認めない！

そんな風に考えてるんじゃない？

だったら……、無理して付き合う必要はない。好きなんて一時的な感情に振り回されることなく、結婚がしたいとかならなおさら、「未来が見える相手」を探すべきよ！

ちなみに、彼に脱会するように説得するって選択肢もあることはあるけど、これって勘違い女にありがちな「彼を変えられるのは私！　彼を助けられるのは私だけ！」みたいなもので、相手も貴女によっぽど惚れ込んでいない限り家族を捨ててまで脱会するなんて望んでる訳じゃないんだから、脱会させようってエネルギーがあるなら別の男を探すことにエネルギーを使ったほうが早いって話。

そうなるとやっぱり別れるという選択肢。

正解ってないと思うから自分が選んだ道を信じて行動することが幸せの条件だと思う。

女の落とし穴

宗教に限らず占いにはまったり、変なものを買わされたりする人って、
情緒不安定だったり、
人の意見に左右されやすかったり、
私だけは大丈夫って思っていたり、
肩書のある人に弱かったり、
自分にコンプレックスがあったり、
依存しやすかったり、
自分では何も決められなかったり、
思い込みが激しかったり、
自分の妄想通りにならないとヒステリー起こしたり、
頼まれたら断れなかったり……。
人を簡単に信じやすい人は、騙されたりのめり込みやすいわね？

大丈夫！　貴女は、高島彩じゃないし、高島彩にはなれないから！　ただの一般人よ！

感情に左右されるのではなく、常に冷静であり自分の意思で決めることが大事よ。

Q　浮気、する？ しない？

付き合って7年の彼氏がいます。たぶん、このまま付き合ったら、いつか結婚すると思います。条件もいいしお互いのことを分かり切ってるから、それでいいんです。でも、全然トキメキがないんです。セックスもほとんどしてません。情で付き合ってるようなもので、なんだか潤いがない自分。このまま女じゃなくなってしまうような怖さがあります。

そこに現れたのがイケメン同僚のC君。特に何もないのですが、なんだか見てるだけで癒されます。絶対手を出さない、表に出さないと決めて、彼氏以外の好きな人をつくることってイケないですか？　それとも思い切ってセフレをつくったほうがいいのでしょうか？

彼氏のことは好きだけどこんなことを考えてる私にアドバイスを……。

A　セックスしないけど、彼氏以外の好きな人をつくる

イケメンってさ、もう、見てるだけでトキメクわよね？　毛穴からアドレナリン出てきそうなくらい興奮しちゃって、見てるだけで幸せ！　みたいな！

で、ここで考えて欲しいのは、**イケメン＝絵画のようなもの**ってこと！　もう、芸術品なんだよ。手を出しちゃイケないの。見てるだけで癒される。

それは当たり前のこと。だから、彼氏以外に「好きな人をつくる」ことがイケないかじゃなく、イケメンを見て潤うように日々、いろんなことに目を向けて充実した毎日を過ごしてみたらいいんじゃない？

ジムに通ったり、女友達と女子会したり、習い事をしてみたり。お化粧して可愛い服を着て、彼氏と旅行してみたり。

今までと違うことをしてみたら、案外、彼氏との関係も楽しくなるかもしれないわよ？

浮気をする、しないで悩むのではなく毎日を楽しむことが貴女に必要なんじゃないかしら？

B―セフレをつくる

てか。今までは、

「男って何で浮気するの？　信じられな～い」ってのが世間の常識だったけど、最近は「女のほうが浮気する」ってのが常識になりつつあるわよね？

ある日のこと。中居くんのブラックバラエティ見てたら衝撃的だったの。

男性ゲスト女性ゲストが何人かいて恋愛トークしてたんだけど、とある女性ゲストが、

「男の人って何で浮気するの？　浮気しない男っていないの？」めいた、テレビでは定番の「男の人って浮気してしんじらんな～い」的質問をしてたら、男性ゲスト全員が、

「浮気をしない男なんてたくさんいる。浮気してるオトコはほんの一部！！！　だいたい、今は女性のほうが浮気してるんでしょ？」と、統計まで持ち出して女性の浮気に突っ込みを!!

もちろん、ゲストの女性たちは、

「え～分かんなーい。浮気してる女の人なんているの？」

「しんじらんな〜い。聞いたことな〜い。しらなーい」って言い張ってたけど……。

それで、どうして男の浮気はバレるのに、女の浮気はバレないんだろうって話になって、

「女は自分の立場が悪くなりそうになる前に、ギャーギャーと騒いで男を悪者にして責めたてるから悪事がバレない」みたいな結論に達してて噴いたわ。


今は女も浮気する時代。


とある女子大生が、「結婚したい本命以外に2、3人はセフレがいる女の子がけっこう多い」って言ってたのも衝撃的だったわ。女子のほうが悪意なく、二股《ふたまた》とかやっていて、「コミュニティごとに人脈がかぶらないようにしている」って言ってたの！

こういう女子って絶対にバレない自信があるんだろうけど、バレたらバレたで、「彼のことが本当に好きだということを確かめるために、浮気をしてしまったの」とか言い出すのよね。

まぁ、貴女が浮気をしたいなら勝手にすればいいけど、面倒じゃない？

いちいち、浮気の交通整理しなきゃいけないのって。

何のための浮気なのかよく考えて！

そして、**女子の浮気が増えているからこそ、「浮気しない女子の価値」が上**

がっていることも忘れずに！

女の落とし穴

長年付き合った彼氏にときめかない……。これって、浮気でしか解消されない悩みなのかしら？

ドキドキルンルンなだけではなく、二人の関係が次のステージに進んだとも考えられるし、情だけで付き合っているなら、別れることを選ぶのも選択よ？

中途半端な現実逃避は、何も解決しないわ。

別れるならとっとと別れて、新しい幸せ見つけたほうが貴女のためよ！

ぎゅってと
コレって浮気じゃないよね。。。
毎晩一緒にねてます

Q　セックスのとき、演技する？　しない？

相談です。私、エッチでイッたことがありません。私は彼が大好きだし相性もいいと思っています。セックスレスな訳でもないので、特にイクことにはこだわってないのですが、彼が私をイカせようと頑張ってくれます。でもイケなくて……彼がガッカリして、毎回エッチが終了になります。しかも私をイカせようと頑張ってくれるので毎回長いんです。最後の方は疲れて痛くなってしまいます。

女性はみんなイクふりをしていると聞きますが、私も演技したほうがいいのでしょうか？　それともこのままでいいのでしょうか？

A　演技する

あたしは演技って悪いコトじゃないと思う。だって演技するって彼を喜ばせるためでしょ？　彼のエッチに不満がある訳じゃないんでしょ？

お互い気持ちいい訳だからイク演技は女性にとってのお家芸だと思って、極めてみたらいいと思う。

イケないことをストレスに思う人もいるけど、貴女はセックスでは満足しているし、イケるイケないにはこだわっていない。

むしろ気にしているのは、「貴女をイカせることができないことに彼がストレスを感じてるのでは？」と心配していることがストレスなのよね？　セックスの相性が悪いねオレたち問題まで発展するとややこしいわ。

もっとエッチについて探求してみよう！　という訳ではなく、今のままで満足なら、演技で十分！　彼も自信を持ってるし、二人の関係もそれで良好ならいいんじゃない？しかも貴女がイクまで続けようとするセックスが苦痛になっているから、ダラダラ長時間セックスするのではなく、イッたフリをすれば終わるというメリットも！

演技しちゃいましょ！　ただし、演技している自分が、嘘をついている、彼を騙している……、自分を騙している……という感覚になってしまうと、それはストレスになるので要注意！

B　演技しない

演技したくないならもう少し性に対して積極的になってみたらどうかしら。自分で気持ちのいい場所を見つけることが大事なんじゃない？

つまり、演技をしない……イカないでいい……ということではなく、イケるように自分なりに……、そして二人で努力してみる、ということ。

まずは一人でエッチしてみるもよし。イケる体位を見つけるもよし。彼のサイズが自分のと合う合わないもあるだろうけど、リラックスすることも大事。とにかく気持ちいいところに集中してみること。

などなど二人でイケるためのテクニックを磨き、セックスをもっと追究してみることに喜びを感じることが大事になってくると思う。

それにはまず恥ずかしがらずに彼と話し合ってみることもいいかも！

なかなかイケない体質だからいろいろ試してみよう！　みたいな感じで。

お互いが負担に思わないように愛し合ってみるの！

ただし、そこまでセックスにこだわっていないなら、今のままでもいいと思います。

努力してもイケないときは、あきらめて！！！！

女の落とし穴

男のプライドを満たしてあげるという意味で、「演技をする」っていうのはとてもいいことだけど、よくいるわよね？

「俺ってデカいらしいよ」とか「俺って上手《うま》いらしいよ」とか言ってるけど、大してデカくもなければテクもない荒いだけの男って。

これって今までの女たちが、「演技」してたせいよね。

「すごーい大きぃ！」「こんなに上手な人、初めて〜」なんて演技して持ち上げたせいで男が勘違いして、テクを磨かなくなってしまう。あんまりほめすぎも要注意ね。男の「手抜き」がはじまるかも！

でも、ダメ出しはだめよ？

あんた下手！　とか、小さい！　とか言ったら、ショックでインポになっちゃうかもしれないわ！

Q―不倫、続ける？ やめる？

29歳独身です。今、人生の岐路に立っています。既婚男性と不倫をして3年目に突入しました。

「妻とは別れる」「愛しているのはおまえだけ」「でも妻がなかなか別れてくれない」「子供がもう少し大きくなるまで待ってほしい」「妻とはもうセックスしていない」そんな言葉を信じて今まで続けてきました。

彼には私しかいないのに別れない奥さんってなんて悪い人なんだろう……。そう思ってきました。でもこのままでいいのかなって最近思います。周りの友達も結婚しはじめてるし。

私は、このまま彼を信じて不倫を続けてもいいんでしょうか？ それともやめるべきでしょうか？

A―続ける

不倫を続けたいなら勝手に続けたらいいと思うけど、得るものなんて、彼とのセックスとその場しのぎの安心感くらいで明るい未来なんて絶対にないし、失うもののほうが多いと思うけどね？

大切な時間を失う。

バレたら慰謝料請求されてお金も失う。

職場に連絡されたら居づらくなって仕事も失う。

貴女の親にバレたら親からの信用も失う。

そして最後は、

「ごめん、やっぱり妻とは別れられない」って不倫男も失うのよ。

あ、得るものがもう一つあった。

それは、

「不倫のオーラ」

一度不倫をすると出ちゃうのよ。

私は不倫してもＯＫな女です、っていうオーラが。

これが俗にいう、

「なぜか既婚男性にばかり誘われます」っていうやつね。

独身男性からは相手にされないオーラが出るの！

でね、貴女に全てを失う覚悟があるなら勝手に続けたらいいけど、期待なんてしないことね。

その男は「離婚」するつもりはありませんから。

割り切って既婚男とセックスするために私は生まれてきたんだ！
他人の人生にぶらさがってラクして生きるんだ！
そのくらいの開き直りがないとダメよ？

もうすぐ30歳になるし結婚したい……。なんて考えてるならとっととその関係はやめなさい。不倫を3年続けて離婚しない男はこの先も離婚しないわよ。

でも、**続けたいなら結婚も出産もあきらめて、ただただ既婚男のご奉仕女として生きてください。**

B ― やめる

不倫をしてしまう女って必ず言うのよ。
私だけは違う。

彼は本当に私のことが好き。

絶対に別れてくれるはず。

ってね。

でも、不倫男が言う、

「妻とは別れる」

「愛してるのはおまえだけ」

「もう少し待っててほしい」なんてセリフの98％は冗談だよ？？　口からでまかせ！！！　穴を都合よく使うためのウソ！！！　2％は本当で別れてくれるかもしれないけど、ほとんどの女は98％なのよね。

私は2％の女だ!!　なんて思うのもいるけど、何を根拠にって話なのよ。

だって今までの人生、振り返ってみてよ。

宝くじで1等当たったことありますか？

勉強もしないでテストを受けて、学年トップの成績をとれたことがありますか？

クラス中や会社中の男から告白されたことありますか？

そんな経験、したことないでしょ？

同じよ！！！！

口だけで行動しない不倫の男が本当に奥さんと別れて、貴女と付き合ってそのあと結婚まで考えてくれるなんて、あたしが妻夫木聡と付き合えるくらいありえない話なのよ!!

福引き券1枚持ってて、クジ引き会場でガラガラまわすわけ！！！

で、5等のティッシュが当たったの。

でも、それ5等って名前がついてるけど、ハズレなのよ!!

不倫するって、5等という名前のついてるハズレクジを引くようなものよ。

「好きだ」と囁《ささや》かれて1発やってもらえる権利が当たったようなもの！

でも、それにはまった女は、1等の奥さんと別れて自分と付き合ってもらえる権利を求めて何度も何度もクジを引くの。

でもさ？　それ、何度やっても当たらないんだわ。

だって1等って書いてあるけど、1等は入ってないインチキクジなんだもん。福引きどころかドン引きよ。

でもインチキだって知らないから、何度も何度もトライして5等の「好きだよ」って囁かれて1発な権利を手に入れるの。

それが不倫福引きだよ。いつまでもハズレクジを引いて、

「当てたい‼　当てたい‼　今度こそ！　ここまで費やしたんだからいまさら引き返せない！」ってティッシュ握りしめて、福引きの前にしがみついてるとあっという間に歳をとって婚期を逃すどころか誰からも相手にされなくなるよ。

不倫なんてハズレしか入ってないんだから、当たりのない、幸せのないものにしがみついても仕方がないということに気づいて、もうやめましょう。

今、やめれば間に合うよ。

30になる前に。20代で不倫は清算しなさい。早いほうがいいわよ。

女の落とし穴

私はこれだけ尽くしたんだから、私はこれだけ待ったんだから、私はこれだけ我慢したんだから、3年も費やしたんだから、もうあとには引き返せない！
責任とって‼
付き合って！　結婚して！　私を幸せにして！

いまさら一人になんてなれない！！！

彼しかもういない!!

って思いこんじゃう人、多いよね。

そもそも不倫なんて付き合ってないんだから、最初から一人だったって話だよ？

そんなことも忘れて、何年も費やして責任だの見返りだのを求めても仕方ないんじゃない？

費やした時間を無駄にしたくない気持ちは分かるけど、無駄なものにいつまでもしがみつくのも無駄よ。

見切りをつけてスパッとやめることが、幸せの第一歩。

独身男性が
さけて通るのは…
気のせい？
不倫
チリン〜〜〜
チリリ〜ン
フイッ
ふりんか。
ふりん…
スー

Q　彼氏の実家に泊まる？　泊まらない？

私25歳、彼26歳。交際1年で順調に付き合っていると思います。そんな彼から実家に泊まりで行かないかとお誘いを受けました。彼のご両親やお姉さんと会うのは初めてで緊張しますが楽しみでもあります。

ところで彼の実家は遠いので日帰りは無理です。彼が言うように彼の実家に泊まってもいいのでしょうか？　それともホテルを取るべきでしょうか？　迷っています。

A　泊まらない

あたしのブログにも似たような相談がたびたび寄せられるんだけど、コメント欄ではほとんどの人が、初めて彼の実家へ行くときは泊まるべきではない、と回答しているわ。

やはり結婚前だし、結婚が決まった訳でもない恋人同士。初めて訪れた家に泊まるのは破廉恥すぎるという見解が多いみたい。

実際、あたしの知り合いの弟も彼女を実家に泊めようとして父親と大ゲンカしたことがあるみたいだし。

友達のB子も彼が泊まっても大丈夫だと言ったから、彼の言葉に甘えて泊まったら、後で彼の家族から大ブーイング。特に彼ママが怒っていたみたいで、それが原因で別れたとか……。

「泊まりにおいでよ」って言うのは、彼が勝手に言ってる場合が多いし、他人に家の中を勝手に見られたくないって家庭も多いはず。

まずはホテルを取るのがベター。

彼の実家に訪れた際もあまり遅くならないうちにホテルに帰るのがいいわね。だって、彼がホテルまで送ってくれるにしても、帰りが遅い息子を待つ親の気持ちを考えたら、長居せずにあまり遅くならないほうが印象もいいわ！

そして、**お泊まりするのはもう少し親しくなってから……。相手のご家族から「ホテルとは言わずに今度は泊まってってね」と言われてからでも遅くはないわよ！**

B　泊まる

初めて訪れる彼氏の実家にお泊まりっていうのは、ちょっと図々しいような気もするけど、家庭によっては「ルール」にバラつきがあったりするもの。

例えば、今まで彼女を連れてきたことがない彼と、過去に10人以上彼女を連れてきたことがある彼の場合では、家族の対応も違うはず。

「なんだ、また新しい子？　どうぞ？　泊まってって！」くらいの反応かもしれない。

その場合は泊まることってそんなに問題ではないはず。

ただ、それって「彼」に聞いてみないことには分からないから、「彼の家族」は貴女が泊まること知ってるの？

「ホテルを取ろうと思ってるみたいなんだけど泊めてもいいよね？」って念のため確認してくれる？　ってお願いしましょう！

それから泊まっても遅くはないはず！

ちなみにあたしの友達で、「弟が女を連れてきたけどその女がそのまま家に転がり込んできて実家で同棲をはじめた」という経験をした子がいるわ。

もうね、神経を疑って家族が猛反対したけど、両親は息子が可愛いから、彼女に

「出ていけ」とも言えず半年くらい居座っていたみたい。

ま、それはそれで「家庭のルール」で問題なければいいけど、結局、その二人は別れてしまったみたいよ！

女の落とし穴

これね。注意してほしいのは、「彼の姉」がまだ実家にいるということ。彼が26歳だからお姉さんは27歳以上ってことよね？　いい年齢でまだ結婚していない。結構、厄介よ？　何かにつけて口を出してきたりするかも。女の敵は女。ダメ出しや揚げ足取りで攻撃される可能性も！

とにかくお姉さんに嫌われない行動をとるか、お姉さんを味方につけるかしないと、貴女の運命は「お姉さん」に左右されるなんてこともあるわよ！

Q 彼氏のケータイ、見る？ 見ない？

聞いてください。同棲中の彼氏の様子が変なんです。この前までテーブルの上に置きっぱなしだったケータイ。でも最近は肌身離さずって感じでシャワーのときも持って行ってるしトイレの中でもコソコソ何かをしてるみたい。

今ではパスワードまで設定してるし、何か怪しい。

入力しているところは横目で見ていたので、パスワードは分かってしまいました。やっぱり彼は浮気してるんでしょうか……。私たちはケータイを見せ合うような仲ではなく、お互いのプライバシーは守りながら同棲しています。私も彼氏にはケータイを見られたくないタイプなので……。

彼のケータイを見るという行為にとても罪悪感があります。

でも……ケータイを見たい自分と見てはいけないという自分がいて迷っています。

パンドラの箱、開けてしまってもいいでしょうか？

A―見ない

見ない派の人は「見ないことが当たり前」なのね。だからはっきり言います。

今までパスワード設定していなかったのに急に設定するようになったっていうのは、非常に怪しい。

ケータイの中には貴女の知りたくない情報、そして知るべきではない情報がたくさん入っている可能性が高いわ。

友達とのメール。ネットから拾ったグラビアアイドルの画像。アダルト動画サイトのURLやキャバクラ、風俗サイトを訪れた形跡のある履歴等。

彼の「関心ごと」がケータイの中に入っていると言っても過言ではありません。もしかしたら、貴女への不満や愚痴を友達にメールしているかもしれない。

そして、もしかしたらちょっと浮気しようと思っている女の子とのやり取りがあるかもしれない。

そんな現実を知って耐えられますか？

浮気してるかしていないかを調べるよりも、ケータイの中身ではなく、目の前の貴女にもっと興味を持ってもらえるよう笑顔になりましょう。

今の貴女、きっと怖い顔しています。不安で不安で彼を疑っている顔をしています。

ケータイを見ても見なくても結果は同じじゃないですか？

彼のことが好きだという事実には変わりはないんじゃないですか？

だったら知らなくていいことってあるんですよ。

もしかしたら女友達とご飯を食べに行く約束をしただけ……。でも、嫉妬深い貴女を警戒しての行動かもしれないし。彼をそんな行動に追い詰めていたのが貴女自身かもしれない。

貴女も「人にはケータイを見られたくない」タイプですよね？

見ることで「自分の理想」を相手に押し付けることを本来は苦手とするタイプですよね？

自分がされて嫌なことは人にはしてはいけないわ。

やましいことがケータイの中にあるかもしれないけど、**恋人同士だからこそマナーは大事。**

見るのはやめましょう。

余計な心配ごとを増やしてもいいことはありません。浮気なんかに負けない女になりなさい。

ドドドーンと構えてなさい！

「恋人同士とは隠し事のない透明な関係であるべき」なんてルールに縛られるよりも彼を信じることで彼に罪悪感を感じさせて自然と浮気をやめさせることだってできるのよ。

B―見る

ケータイを見ようと思っている貴女。

もしかしたら「全てを暴いてやろう」。そんな気持ちになっているのでは？

彼のことが好きだから……という理由ではなく、探偵のような気持ちで全部を知ってやろう……、そんな意地悪な気持ちになっているなら、見るということは別れる覚悟を持つということです。

そしてケータイの中で何を見つけても、恋人であることを続けるなら、自分が悪者になる覚悟をもって、ウソ偽りの一切ない理想の関係を求め、築きあげる覚悟を持ちなさい。そうじゃないと結局、貴女が我慢するだけになるから。

しかも、浮気かと思っていたら、同棲しているにもかかわらず、貴女のほうが浮気相手になっていた……とか、何股もしている男だった……って分かってしまうこともあるからね。

彼にその関係を清算させて、自分だけを愛させる自信があるなら、ケータイを見たことを正直に話したらいいわよ。

ま、そんなことするなんて人間として信じられない……なんてセリフを真っ先に聞くことになるとは思うけど、それにも負けず、感情的にならない。冷静な話し合いができる準備までしておきなさい。

女の落とし穴

今回は「パスワード設定」しているという実に怪しいシチュエーションだったけど、最近の男子は「女子はケータイを勝手に見ているもの」と最初から判断している人も多くて携帯のなかに真実はない場合も！

いつ見られても証拠が残らないようにしていたり、ＰＣのメールでやり取りをしていたりと男女とも策略に策略を重ねていて、いたちごっこになっている感じもある。

　そんなことに時間を費やすくらいなら二人で美味《おい》しいご飯食べに行ったほうがいいわよね！

Q―これまでエッチした人数、正直に言う？ 言わない？

付き合ったばかりの彼氏に、今まで何人くらいとエッチしたことあるの？ って聞かれました。

実は私……、50人くらいと経験してます。恥ずかしいことじゃないと思うけど、正直に言ったら彼はドン引きするでしょうか？

A―正直に言う

これ、逆の立場で考えてみたらいいと思う。

あたしね、以前、出会い系サイトを通じて知り合った年上の男性に、「今まで、何人くらいの人とエッチしたことあるの？」って聞かれたことがあるの。

ぶっちゃけ、そんなもん最初の頃は、1人、2人、3人、4人……って数えてたけどある時期過ぎるとどうでもよくなって忘れちゃうじゃない？？？？

だからあたし、そんな質問されて、「ん～、何人だ？」って考えてたら、その男！

自分から質問してきたくせにあたしの答えを待つ前に、

「俺なんて100人以上とはやってるけどね。正確に言えば125人で、キミとヤレばキミは126人目」って言いやがったの！

ま、125人だったか126人だったか127人だったか、正確な数字は忘れたけど、だから何？　って感じじゃない？

そんなことを言われて、「蝶の標本採集」じゃあるまいし！

いちいち、数まで覚えてるなんて気味が悪い。

だいたい、やった人数が多いって自慢するような男に限って、下手だったりするから、あたし、

「ごめんなさい？　そんなに安い女じゃなくってよ？」って笑顔でお断りしてその場を去ってきたんだけど。

貴女だって彼氏から、

「俺は100人とやったよ！」って言われても、正直に話してくれてありがとう！嬉しい！　ますます大好きになった！　とは思わないわよね？

へ〜そんなにやってんだ。って思うだけよね？

それでもいいなら正直に話しなさい。

貴女が「言いたいだけ」で、こんな私の「全て」を受け止めてよね♪　ってことなんだから！

ただし、**聞いておきながら「正直に話すと怒り出す」のも男だったりするからその辺だけ覚悟して、これが私だとお話しください。**

B―言わない

ある日ね。お友達の女の子S美ちゃん（27歳）からメールがきたのね。

S美ってば1年半付き合ってる彼氏がいるくせに彼氏だけじゃ飽き足らずセフレがいるらしいんだけど、そのセフレってのにも彼女がいるらしくて、お互い割り切ってエッチするつもりだったたのに、結構イケメンのセフレなもんだから、S美ったら何回かエッチしてるうちにそのセフレ男のことを好きになっちゃったんですって‼

そんなS美から届いたメールが、

「ねぇ、今まで何人とエッチした？　って聞かれたらどう答えるのが綺麗売りかしら？？」っていう内容。

「お願い！！！　笑わせないで！　あんたの技がプロ級すぎて疑問に持たれてるんで

しょ？」て返事してやったんだけど、そしたらS美、

「こんな会話だったの」ってベッドの上で言われたことをメールしてきてくれたの。

男「今まで、何人くらいとエッチしたの？」
S美（やべっ！　どう言えばいいの？　ホントは15～20人くらいだけど覚えてないわ？？？？？）「そんな悪趣味に数えたことないから、分かんないけど……何人くらいだと思う？」

って逆に聞いたんですって!!

そしたら、セフレがS美に言ったのは……

男「ん～50人くらい？」


あはははははは!!　もうだめ！　うける！

普通の人は、ドラクエ3で言うなら賢者くらいレベルアップするのが遅いのに、S美は遊び人くらいのスピードで淡々とエロのレベルアップしてるんでしょ？　倒した男たちの数が少なくても、簡単にレベルアップできる女、S美。

もう、腹かかえて笑ったんだけど、そしたらね。S美は、セフレとはいえ50人なん

て失礼！！！　と思いつつも、
S美「ないない！　そんなにないよ～どんだけ～？」ってIKKOさんのモノマネしながら、話題を変えようと必死だったらしいんだけど、
男「多めに言ってみた。30人くらい？」ってそれでも人数多めに思われてる女、S美。
そこで、S美は、「この人、本当に知りたいんだ～」って思って、でも嘘がつけない性格なので、
S美「そんなにいないよ～」ってごまかしてたら、
男「10人はいるでしょ？」って言われて、S美は、綺麗売りの神様降りて来い！！！って願ったらしいんだけど神にも見放されたみたい。回答に困り果てて、このまま黙秘権を使って逃げ切ろうとしてると、
男「じゃあ10～20人くらい？」って言われて、
S美「うん、まぁそんなところ」と答えたものの、絶対、もっと多いはずって思われた！！！　って後悔したらしいの。
で、S美ったら、
「ねぇ、あたし何人って言ったら彼と付き合えたのかしら？」とか寝ぼけたこと言ってるから、あんたがそのセフレを彼女から奪える確率0％よ？？？　って言ってやっ

たのよ！

だってさ、やった人数を聞くって、人数が多ければ、

「あぁ、そんだけやってればこっちも気兼ねなくやれる」って男は安心するけど、人数が少なければ、

「え？　思ったより少ない？　もしかして、後で面倒なことになったりしないよな？　泣かれたりしたらマジ勘弁」って思われてるってことよ。

どっちにしたって無理なものは無理!!

そもそも、何人とやった？　なんて質問されてる時点で一生セ・フ・レの座、大決定よ。

ってメールしたら、

「お願い！！！　あんたのブログで男に今まで何人とエッチした？　って聞かれたときの綺麗売り模範解答を募集して！！！」って返事がきたの。

それでブログで模範解答を募集したんだけど、やっぱり「本当の人数は言わなくてもいい」という意見が多くて、

「そんなにいないよ」とか、

「数人だよ」とか、

「片手で数えるくらいだよ」っていう、**とにかく片手で収まる人数を言うのがいいみたい。**

多すぎず少なすぎず!!

もちろん、一人しか付き合ったことがないとかなら、正直に言えばいいけど、経験値だけがやたらある女子は、この辺を言うか、長くしか付き合ったことがないフリをすればいいわ。

正直に言わないことのメリットは、男から「案外ヤッてる女」だと思われて幻滅されたりしないこと。

男ってなんだかんだ言っても、彼女には清楚を求めていますから!

変に嫉妬されないためにも言わないのはアリ!

女の落とし穴

エッチの人数だけに限らず、恋愛がはじまったばかりのころって、「前の彼はどんな人だったの?」なんて聞かれることも!

ついつい調子に乗って余計なことをペラペラ話すと、元彼に嫉妬されたり比較されたり、足元みられたりケンカの原因になったりと、あまりいいコトはないことも多い。

相手にもよりけりだけど、なるべく過去の恋愛の話は避けることをお互いのルールにしておくといいわよ！

Q 彼の転勤、ついていく? ついていかない?

付き合って1年の彼氏が転勤することになりました。転勤の多い仕事なので戻ってくる可能性はないと思います。遠距離恋愛をするべきか彼についていくべきか悩んでいます。

どうすればいい?

A ついていく

そもそも結婚の話は出てるのかしら? 結婚の話も出ていないのに彼の転勤についていくってとんでもない前のめりよ?

彼には「ついていきてほしい」って言われている? 言われてもいない、結婚の約束も出ていない。だったらついていくのはやめたほうがいいと思うけど。

ただ、貴女が仕事なんかより男が大事! 恋愛の優先順位が一番高い! そういう女性ならついていってもいいと思う。

仕事を辞めることなんて屁とも思わない。

彼のそばにいたい！　彼を支えたい！　彼についていきたい！

その気持ちがあるならとりあえず彼に話してみてはいかが？

ただし！　転勤先で同棲するにしても、新しい土地、慣れない仕事でしばらくは貴女にかまってあげられないと思うので、ぐっと我慢して彼を支えてあげることね。

貴女の存在が必要だと分かれば彼も結婚を考えてくれるかも！

そして、万が一、ついていっても周りに友達がいなくて寂しい！　とか、仕事がない！　とか、愚痴ばかり吐かないこと。

でも、**男のために仕事を辞めて飛んで行けるような根性の貴女は、どこでも生活できるし、万が一、ついていった先で別れてしまっても、すぐに新しい男を見つけられそうだから、自分で決めたことを後で彼のせいにしない覚悟を！**

そして、もしも結婚の話も出ているなら、きちんとお互いのご両親と話し合ってついていくことを決めなさい！　そして、できれば、入籍まで一気に持ち込むのよ！

B―遠距離恋愛をする

とりあえず、貴女も仕事をすぐに辞めるわけにはいかないだろうし、ついていっても仕事がない、友達もいない、本当にこのままいて結婚できるかも分からない！　って思うとついていくことは貴女にとってはリスキーよね？

遠距離という方法が無難かもしれないわね。

でも、転勤したばかりって忙しいし慣れないし、彼もナーバスになっているから、貴女が「どうして連絡くれないの！　私、寂しい！」なんて言い出すとあっという間に彼の負担が大きくなって、彼のそばにいる女性に彼の心がうつって、別れてしまう！　なんてこともあるわ？

遠距離をするにしても、何のための遠距離なのか。

結婚を前提としているのか。恋人同士としてか。それも含めて、よく話し合ってみたらいいと思う。

遠距離って信頼関係も大事だけど、どちらかが不安で押しつぶされたら、長続きはしないものよ！

女の落とし穴

ついていくか、遠距離恋愛をするか……という選択の前に、「別れる」という選択もあることをお忘れなく。

いろいろ悩んでしまう人は、わざわざ知り合いのいない土地に行ったり、遠距離で寂しい思いをしたりせずとも、近場で見つければいいって話よ？

それに、彼も「転勤」のタイミングで貴女に別れ話をしようとしている場合もあるわ？

勝手に前のめって、「ついていく？　それとも遠距離？」なんて考えていると、予想だにしなかった結末を迎えることとも！

一人で悩む前に、とにかく二人で話し合いなさい。

Q 占い、信じる？ 信じない？

私は占いとかは信じないほうなのですが、友達の付き合いで行ったよく当たるという占い師に今の彼と結婚しても絶対に離婚するからやめなさいと言われました。彼とは結婚の話も出ていたのに離婚すると言われて急に不安に……。占いは信じるべき？　信じないべき？

A 信じる

貴女が熱心な「占い愛好家」で専属の占い師さんなんかもいて、人生のすべてを占いに頼っているとかいうなら、彼とは別れたほうがいいと思うけど、よく考えてみてよ？

今の時代、離婚なんてそんなに珍しいことじゃないよ？　結婚する以上、離婚する可能性は誰にだってある。人生長いんだから、いいこともあれば悪いこともある。

占いを信じていいことだけが起こり続ける人生なんてありえないじゃない？

もしも占い師の言ったことを信じるなら、それは、絶対に離婚する、離婚するのは嫌だ、だったら別れよう、ということではなく、離婚する可能性があるなら、その問題を見つけたり解決することもできるということ。

逆に、今まで「恋」のフィルターで彼を見ていて、見過ごしてしまっていた彼の「本性」がないかどうか、確認したり見極めることもできるってこと。

貴女とは「合わない」何かがあるかもしれない。それで彼を嫌いになるかもしれないし、もしかしたらそれは二人で乗り越えられるかもしれない。

占いのおかげで客観的に物事を考えられるようになった、と思えば、それってラッキーじゃない?

占いで言われたことを真に受けるだけじゃなく、それをどう活かせるか、自分の人生を自分でどう切り開くかが大事よ。

ちなみに他の本でちらっと書いたけど、あたしの女友達のH子がこんな占い師に遭遇した話、ここでも書いていいかしら? もっと詳しく書くからさ。

H子が29歳のとき。彼氏もいない、結婚する気配もないH子。そんなH子を心配した占い好きのH子の母が、

「よく当たる占い師がいる」と言ってH子をその占い師のところに連行したらしいの。

そして見るからに60過ぎてる怪しい占い師と母親に囲まれて、H子、白状したらしいのね。実は3年くらい片想いしてる男がいるということ。

月に3回くらい一緒に遊びに行くけど、行き先は主に、スポーツ観戦→カラオケ→食事→帰宅らしく、H子が、

「この人と付き合えますでしょうか?」って聞いたんですって。そしたら、

「何言ってんだい!!! あんたたち、もうデートしてるんだから付き合ってるんだよ!! それ、付き合ってるって言うんだよ! やったんだろ??? もうやってるんだろ?」って外まで聞こえるような大声でしかも母親がいる前で、騒ぐ占い師。

遊びに出かける=付き合ってる=やってる、って発想が古い!!

さすがババア!! ってH子、噴き出しそうになったらしいんだけど、ぐっとこらえて、

「いいえ、本当に付き合ってないんです。キスだってしてないし、手だってつないだことないんです。彼は私のこと、どう思ってるんでしょうか?」って聞いたんですって!

そしたら占い師。

「はぁ??? 手もつないでない? あんたたちどうなってんだい!!」って逆に聞き

返されてんでしょ。さらには、

「とにかく遊びに行っても手もつないでこないような男は優柔不断なんだよ!! そういうときは女のおまえがリードしなきゃいけないんだよ。そんなのも分かんないのかい、全く。もうあんたたちは付き合ってんだから、女のあんたから手をつなぐとか、胸を押し当てるとか色仕掛けすんだよ!! 女はみんなそう言うことやってんだよ! 女はみんなそうやって男を捕まえてんだよ!!!!」って大絶叫。

女はみんな胸押し当てて色仕掛けしてるんでしょうか?

あたしもそれ聞いて噴いたんだけど。

H子が占い師の戯言《たわごと》を黙って聞いてたら、その占い師がまた……、

「あんたのお母さんだってそういう手を使ってきたんだよ。ハンカチ落としてみたりして、お父さん捕まえてあんたが生まれたんだから、あんたも頑張らなきゃいけないよ。ねぇ、お母さん!! そう言ってやって!!」ってH子の母に話題をふる。

ハンカチ落とすって手口が古い!!!!!! ってH子、笑いそうになったらしいんだけど、H子の母も急にそんな話題を振られて、占い師の絶叫っぷりにびびり思わず、

「そうよ、そう!」とか言っちゃったらしく……。その後、H子とH子の母はその男

と今後どうすればいいのかの結論も出されないままお互い気まずいムードになって言葉も交わさず帰ってきたらしいわ？

その占い師は、多分、よく当たる占い師じゃなくて、相当失礼に当たる占い師の間違いじゃなくって？　ってH子に言ってやったわ。

でもね、びっくりしたのは、それから半年後くらいに……。

H子がその男とごはんを食べてて、H子がフテ酒飲みすぎて酔っ払ってふらついて歩いたときに、彼がH子の手をつないできたんですって！

その夜はタクシーに乗せられて一人で帰ってきたらしいんだけど、後日、

「結婚を前提に付き合ってほしい」と言われて、

「え？　どうして？　いつから私のこと気になってたの？」って聞いたら、

「この前、手をつないだときから」って言われたんですって!!

その後、とんとん拍子で結婚が決まったH子。占い師の言った通りではないけど、「手をつないだこと」がきっかけで結婚が決まるって、やっぱりH子が自分で切り開いた道なんだなって思ったわ。

占いを信じるならきちんと自分の人生に活かすべきよ！

B 信じない

信じないなら信じないでいいのよ。占いなんて気休めって思っておけばいいのよ。あたしも占いってあまり信じないほうだし、実際、占いしたことってあんまりないし、してもさ、結婚はイツイツするって言われたりして、ぜんぜんピンとこないのよね。だって、あたし、ゲイだから結婚しないし!! みたいな。

結婚運以前の問題であたしがゲイであるって見破ったら、信じてやるわよ！！！！とか思っちゃう、たちの悪い客なんだけど（笑）。

占いで言われたことは気にしない。自分たちで運命を変えてやる！ そのくらいの覚悟があったら、何だってやれるから、幸せつかみなさい!! ってことよ！

そして信じないと決めたからには、後で何が起こっても、あ〜あの時やっぱり〜なんて後悔しないこと！ 自分の判断には自分で責任を持つのよ！

女の落とし穴

占いってはまると結構、お金がかかるわよね。つまり、占いって「商売」なのよ。

いい占い師さんももちろんいるし、当たる占い師さんもいる。親身になって相談に乗ってくれる人もいれば、話を聞いてくれるだけの人もいると思う。

でも、悪いことばかり言って何度も店に通わせようとしたり、物を売りつけてこようとする人は要注意！

あたしもブログやってるけどいろんな業者から、「○○という占いサイトの宣伝をしてくれませんか？」って依頼がくるわ？

もちろん断るけど、そういう依頼を引き受ける著名人も多いみたい。占いって「当たる」から人気なんじゃなくて、著名人が「宣伝」してるから人気ってこともあるから、その辺はきちんと見極めなさいよ。

血液型がO型でイニシャルがS・岡山県出身の人じゃないと
別れるっていわれたから
ごめんなさい。

Q　気になる店員に連絡先を渡す？　渡さない？

某ショップ店員さんに恋をしました！　イケメンなんです！　すっごく親切なんです！　もう好きなんです！　自分からメアドを渡そうと思います！　迷惑でしょうか？　でも彼もきっと私のことを気になっていますよね？　メアドを渡して仲良くなって付き合いたいんです！

私、間違ってますか？

A　連絡先を渡す

はっきり言うわね。美容師、ジムのインストラクター、先生、運送会社のお兄さんなどの職業の人には恋のライバルは大勢いるのよ。

あの人、イケメン！　って思うような人って、だいたい他の女も狙ってるの！　つまり、貴女のようにメアドをこっそり渡して、仲良くなろうって企《たくら》んでる女は星の数ほどいるってこと。

イケメンなら連絡先なんてもらいなれてるから、貴女が選ばれる確率は貴女の顔次第!!

彼にとって貴女の顔がタイプなら連絡がくるわ！　そうであることを祈って連絡先をそっと渡しなさい！

でもね。**彼が親切なのは貴女が客だから。ただの営業よ！**

貴女に好意がある訳じゃないから勘違いしないでね！

B 渡さない

お店や職業によっては「客」との連絡先交換は、禁止されてるって場合もあるの。

それにイケメンならきっと彼女もいるだろうし、貴女の顔が綾瀬はるかなら選ばれるだろうけど、普通の顔ならまず返事は来ない!!

彼にとっては迷惑行為！　彼を困らせないためにもいいお客さんでいてください。

彼を喜ばせたいなら、メアド渡すよりも彼の店で金使え!!

女の落とし穴

ショップ店員に顔を覚えてもらうためには、「いつも同じものを注文するべし」っていう決まり事みたいなのがあってね。

あたし、4~5年前かな？　スタバにすごくタイプの男の子が働いていて、なんとか彼とお近づきになりたくて、私の顔を覚えてもらいたくていつもスタバに通って、毎回「モカフラペチーノ」を頼んでいたの。しかも紙袋に入れてお持ち帰りにしてもらって。

これで印象付いたはずよ！　って思っていたんだけど、結局、彼からは何のアプローチもなく（↑あたりまえ）、それから数年が経ったある日。

行きつけのイタリアンレストランの周年パーティーに呼ばれて行ったら、そこにいた女性客にスゲー睨《にら》まれたのよ。

知り合いですか？　って聞いたら、

「数年前、よくスタバに来てましたよね？　モカフラペチーノをいつも頼んで、お持ち帰りしてたんで覚えてるんです。私、スタバで働いてました」って言われたの。ドン引きしたわね。

たしかに、印象付けのために彼が担当じゃないときでも同じものを頼んでいたけど、まさか他の店員があたしのことを覚えていたなんて！

しかも、好意じゃなく明らかに「この客気持ち悪い」みたいな覚えられ方！

やっぱり同じものを頼み続けるって、覚えてもらえるけどそれは好印象ではなく、奇妙な人くらいなのねーー。

気を付けて！

Q　女性に品格は必要？いらない？

私は私らしく生きたいんです。性格は男っぽくサバサバしたところがあるし、お酒も大好き。女友達と女子会で騒ぐのも大好き。掃除とか料理とかもぜんぜんできません。

ただ仕事は男に負けたくなくてバリバリ働いています。だから仕事ができない男とか甘えてる男とかみると、イラッとしてしまいます。もっと強くなれと思います。

そう考えたら男だって品格なんてないですよね？　私の考え、間違ってないですよね？　それとも品格って大事なのでしょうか？　恋愛はしたいけど、でもなかなか彼氏ができません。いいなって思う男がいないんです。

どうすればいいですか？

A　品格は大事

まぁ、品格って何が品格なのかって話だけど、以前、ブログでね、あたしの友達、元負け犬の教祖T子さんが貴女と似たような意見を持っていた相談者に、こんなことを言っていたわ。

「吉永小百合みたいなつつましい女」を男も夢見てるし、「ジェームズ・ボンドみたいな頼りがいがある男」を女は求めているワケだけど、そんなのは、幻想！

貴女が吉永小百合ではないように、男のほとんども、ジェームズ・ボンドじゃないワケよ！

自分が吉永小百合（のイメージ）からどれだけかけ離れているか、考えてみて？？

多分、相当違うはず。同じぶんだけ、あなたはきっと彼氏に、ジェームズ・ボンドを求めているのよね。

その期待って、大きすぎるどころか、完全に「負荷」でしかないでしょ？？

「吉永小百合みたいな女性がいいな～」とか言われると、イラッとするでしょ？　何を大した稼ぎもないくせに！　そんな女いまどきいるか！　みたいな。

それと同じで、あなたが、強くて、仕事ができて、頼りになって、夜が最高！　あん！

って恋するような男は、まず、いません。

でも、男女を置き換えると、あなたの顔にそう書いてあるわけよ。

「ジェームズ・ボンドみたいな男がいいわ!」って。

だから、煙たがられるんじゃないかな?? って思うんだけど、どうでしょ??

この説明は、とても分かりやすいと思うの。

結局、今の貴女は、「自分を棚に上げてるだけ」で男に期待しすぎてるんじゃないかしら?

女性の品格なんて……って言ってる場合じゃない。

女性だからこそできる気配りや心遣い、当たり前の「女性らしさ」って、できるようで簡単ではない。

でも、そこができれば、「男性の理想」にはグッと近づく訳だし、相手から見られたときの自分の印象がよくなるってことなのよ。

何も、いますぐ全部やれってことじゃない。

できることからはじめてみたらいいんじゃない?

仕事と一緒よ。やればやるだけ、評価につながる。

それが「品格」ってやつなんじゃないかしら?


彼氏が欲しいなら自分の器を広げるという意味での品格を大事にして、男に完璧な男性像を求めないことね!

B　品格はいらない

品がないってどういうことか世間からみたらどんなイメージなのか、一度、よく考えてみたほうがいいと思うの。

例えばね。

あたしと元負け犬の教祖T子さんとT子さんの女友達T姐さんの3人で遊んだときの話よ。

3時半くらいに某駅前で待ち合わせして、あたしとT子が先についたので、T姐さんを待ってたんだけど、T子ってばもう、目をキョロッキョロさせて改札口を出てくる男たちの品定めはじめちゃったの！

「あっ、あれイケる！　今、横切った坊主!!　あっ！　あれもイケる！　あれもヤレる!!　あれ!!　寝れる!!」って……あんた飢えすぎって笑ってたんだけど、

「今、ホームについたわよ〜」ってメールがT姐さんからT子の携帯に届いて、T子が、

「あの女、もうそろそろ来るわよ。ドラァグクイーンみたいな女だから、人ごみの中でもすぐに見つけられるわ」（＊ドラァグクイーン＝派手な衣装に厚化粧してパフォ

ーマンスするゲイ）とか言い出して。あたし、吹き出したんだけどホントにすぐに見つかったわ。

だって!!　T姐さんってば豹柄のスパッツはいて、でっかいサングラスかけて誰よりも勇ましく歩いてくるんですもの！　ステキ☆

しかも、T姐さんってば、登場と同時に挨拶よりも先に口から出た言葉が、

「あ〜っ、今、エキベンしてきちゃったわ？」って！！！

エキベンって！！！　いきなりシモネタ全開じゃないの!!　早い！　早い！　まだ早い!!　って大爆笑。

しかし「エキベン」ってあたしが思っていたエッチのスタイルではなく、「駅のトイレで大便をする」の略だったみたい!!

すると、
T子「あんた、ノーメイクじゃん！」

T姐さん「そうよ？　時間なかったのよ。どうせ、あんたたちとカラオケするだけでしょ？　てか、T子!!　あんたなんか男もいないのにメイクにだけはそ〜んなに時間かけちゃって。無駄！！！」

T子「ん魔！　あんたなんかノーメイクにその格好!!　まるでお水！　蒲田あたりの

出勤前のママじゃない???」

T姐さん「ふ ざ け な い で ? これブランド物よ? あんたなんか何よ??? ちょっと痩せたかと思ったけど気のせいだったわ。その服、よくできてるわね。太って見えないようになってる」

T子「ん魔!! 分かる? これ、高いのよ???」って駅で大声出しながらお互いを褒めまくり☆ こんな女たちを見て、付き合いたいって思う男がいるか? って話よ。

世間からみた貴女ってたぶん、こんな感じ!!! これ、ゾッとしなきゃいけないところよ? 分かる分かる! 私もこんな感じ! って共感してるようだったら、貴女には当分、男ができません!

こういう面白い女たちを、「可愛い」って言ってくれる奇特な男が現れたら、絶対に手放さないことね。

どんなに稼ぎが悪くてもどんなにブサイクでも、今後、今のキャラのまま貴女を愛してくれる男には出会えないかもしれないわ!!


品と品は共鳴するのよ。

自分と似たような品の男が寄ってくる!

それだけを踏まえてちょうだい！

女の落とし穴

どうしても自分の理想を曲げられない……。理想の男以外の男と付き合うことは「妥協」だと思ってしまう。

そんな貴女！　貴女の理想の男ってこの世には存在しないから、もうあきらめるのも手よ!!

仕事もバリバリできるようだし、男運はお金に変えて、毎日楽しく生きなさい！

おー、なんぼでも
こうたるで。
ほしいものがあるんだけど〜
品格ー？
フェラーリ

おわりに

さて。

いかがでしたでしょうか。

恋の分かれ道の前で、どちらの選択をするのが自分にとっていいのかを考えるきっかけになったものもあれば、どうでもいいお話もあったかもしれません。

でもこの本を通じて気づいて欲しいことがあります。

それは、**くよくよ悩んで迷っている自分をま、いいか。**

何とかなるし
何とかしよう
という気持ちにさせることも大事だということです。


立ち止まっていても答えが出ないなら、それは考えすぎているのかもしれません。視野が狭くなっていることだってあります。

発想の転換をしてみることも大事なのです！

もしかすると、白黒はっきりさせたくて、今すぐ答えを出すためにこの本を参考にしようと思っているかもしれませんが、肝心なのは、〝今〟だけではありません。

今、行動することで、未来の自分を変えることができるし、未来の自分が変わってしまうこともきちんと認識してほしいのです。

自分にとってのメリット・デメリットを考えた上で、それでも自分の選択に後悔しないようにしてください。

自分の人生を幸せにできるのは自分ですから。

自分のことをもっと好きになって、
自分に自信を持って、
自分の選んだ道を突き進みましょう。

他の誰でもない自分の人生ですからね。


そして!!

すでに気づいている方もいると思いますが、気づいていない方もいると思うので付録の**「グズグズしないで言っちゃいなゲーム」**について説明いたします。

この本のカバーをめくってください！


なんとカバーの裏にゲームが隠れています！

コピーして女子会とかで使えます！

すごろくのような感じで、サイコロを振り、出た目の数だけ進んだマスに書いてあることを発表しなければならない！　というゲームです。

どうしても言えない場合は、1回休み。

ゴールはぴったりとまった人。

ぴったりとまるまで何周でも……などなどルールは自由に決めて遊んでください！

また、このあとのページにある空欄ゲームのほうは、自由に書き込めますのでオリジナルに遊んでください。

すごろく風にするもよし。

叶えたい目標を書くもよし。


使い方は自由です！


最後にこの本を担当してくれたY・Tさん。

素敵なイラストを描いてくださった小迎裕美子さん。

R・Kさん、K・Mさん、S・Nさん、H・Kさん、M・Tさん、そして　S・Oさんもありがとうございます。
それでは最後に。
みんなが笑顔になれるおまじない！

ちゃおぶっこ

ゴマブッ子

編集部からのお願い

次ページの「グズグズしないで言っちゃいなゲーム」であなたが考えた遊び方を教えてください！「こんな質問考えました」「こんな風に使っています！」という具体的な質問項目や方法を住所、氏名と併せてハガキに書き、オビの応募券を貼って、［応募先］までお送りください。「これはおもしろい！」というものをゴマブッ子さんが選び、オリジナルカードをプレゼントします。（2013年12月末日消印締切）
［応募先］〒151-0051　東京都渋谷区千駄ヶ谷4-9-7
株式会社幻冬舎　第一編集局　「グズグズしないで言っちゃいなゲーム」係
また、年齢、職業、本の感想もご明記いただければ幸いです。

ゲーム!!
GOAL
START

“グズ
しない
言っちゃい

ゴマブッ子

永遠の20歳を唱え続けるも、いまや推定年齢30代の自称モテないゲイ日本代表。なんの因果か女心も男心も痛いほどよくわかり、ブログ「あの女」では、女子たちの恋の悩みに厳しくも愛あふれる答えを繰り出し、人気を博す。著書に『綺麗女のたしなみ』『女のしくじり』『お気は確か？』『恋の迷い子ども へ。』『怖い女』『元カレの呪縛』『恋する女のお料理教室』など多数。

イラスト：小迎裕美子

ブックデザイン：川名潤（pri graphics）

グズグズしないでお決めなさい!

恋の選択 女子の決断

2013年10月10日　第1刷発行

著者
ゴマブッ子

発行者
見城徹

発行所
株式会社　幻冬舎

〒151-0051　東京都渋谷区千駄ヶ谷4-9-7
電話　03-5411-6211（編集）　03-5411-6222（営業）
振替　00120-8-767643

印刷・製本
中央精版印刷株式会社

ISBN978-4-344-02467-0　C0095
幻冬舎ホームページアドレス　http://www.gentosha.co.jp/
この本に関するご意見・ご感想をメールでお寄せいただく場合は、
comment@gentosha.co.jp まで。